「声」の言語学入門

私たちはいかに話し、歌うのか

川原繁人 Kawahara Shigeto

NHK出版新書
741

はじめに

私は「言語学」という学問を二五年ほど研究している。「言語学」と言っても、その内容をひと言で説明するのはすごく難しい。言語にはさまざまな側面があるので、言語学の中に複数の下位分野があって、それぞれ「文の構造」「単語の構造」「意味」「会話の成り立ち方」などをテーマにしている。

また、言語そのものだけを対象とした分析に留まらず、「言語と文化・社会との関係」「言語の歴史や変化」「子どもの言語発達」「言語教育法」を考察するなど、他の学問分野との接点も多い。言語の脳内基盤や数学的特徴を研究する人たちもいる。

そんな中で、私個人は「人間がどのように音声を操って意味を表現しているのか、そして、その音声がどのように聞き手に伝わり、理解されるのか」ということに興味を持って研究を続けている。この分野を「音声学」と呼ぶ。

ただし、私も言語学者を名乗るからには、言語学に関するどの話題にも最低限の興味と知識は持っているつもりだ。そもそも音声を分析するためには、言語の他の側面も考慮に入れる必要がある。というわけで、本書では、「音声学」を中心としながらも、「さまざまな言語学の面白いところ」を紹介していこうと思う。

さて、本書の中心となる音声学だが、これ自体とても魅力に溢れる分野だ。音声学では人間が舌や唇などを操ってさまざまな声を発する仕組みを研究し、発声生理学——肺や声帯がどう動いているのか——なども研究対象とする。人間は、一般の方々が思っているよりもずっとずっと複雑な方法で、自らの体を操り、じつに多種多様な音声を紡ぎ出しているのだ。その仕組みは驚嘆すべき、素晴らしきものだと私は常々感じている。

私は、これまでに多くの人々に音声学や言語学の魅力を伝えてきた。その経験上、これらの学問の基礎を知ることで、自分自身や人間そのものに対する理解が深まり、いままで見えてこなかった視野が開けると断言できる。自分の気持ちを声に乗せ、それが他者に伝わるという、日常では「当たり前」に起こっていることが、まったく当たり前でないことに気がつく。

ただし、人間が声を発する仕組みは緻密《ちみつ》であるがゆえに、逆にこの興奮に満ちた学問の入門への障害になってしまうことがある。このとっつきにくさを乗り越えるために、本書では「声のプロたちとの出会い」をひとつの切り口にして、できるだけ身近な話題を題材としながら、音声学の本質に迫ることにした。

私のここ数年の人生を思い返してみると、人生の分岐点となった声のプロたちとの出会いが多くある。「あのとき、あの人に出会わなければ、いまの音声学者としての自分はいないであろう」と断言できる人たちがいる。この時点での過度なネタバレは控えるが、みなさんもご存じの俳優・歌人・ラッパー・歌手・アナウンサーの方々である。

そんな数々の出会いとご縁に感謝せずにはいられないし、その感謝を私なりに表現するのであれば、それは私が、彼女ら・彼らから学んだことを書籍という形に残すのが一番であるとも感じる。本書はそんな想いを込めて執筆した。

雑談上等。私の人生を変えてくれた声のプロたちとのエピソードを交えながら、音声学の世界を思うがまま縦横無尽に走り回ってみた。しかし、無計画に走り回ったわけではなく、しっかりと音声学の根本的な問題や基礎的な知識は網羅するように心がけた。

自画自賛ながら、私の試みはけっこう上手くいったと思う。まぁ、一般書の宿命として、ある程度の簡略化は避けられなかったし、説明や解釈の仕方に私の好みがいくらかは反映されていることも認めるべきだろう。

ただし、本書を読めば、音声学という学問が何を目指しているかは伝わるだろうし、大学の音声学入門の授業で教わるような基礎事項も身につくはずだ。そして、何より「音声学を学ぶと人生が豊かになる」というメッセージが伝わると思う。

基礎をできるだけ網羅するという目標に加え、本書全体を通して伝えたいことがある。それは私が言語学者として、親として、人間として、人生という苦悩に立ち向かいながら、声のプロたちとの交流を通して学んだ教訓でもある。

「人間は、精密な仕組みを備えた身体を駆使して、言葉を操ることができる。そして、言葉を使って他者とのコミュニケーションを取ることができる。そのこと自体が——いや、そのことだけで——間違いなく尊《とうと》い」

本書によって、この輝かしいメッセージの具体的な意味がひとりでも多くの人に伝われば嬉しく思う。

加えて、言語学というレンズを通してみると、さまざまな「声のプロ」たちがやっていることについて新たな風景が開けてくる。その意味で、ファンの方々には、本書は「ちょっとマニアックな彼女ら・彼らの副読本」としても楽しんでもらえるはずだ。

「声」の言語学入門――私たちはいかに話し、歌うのか　目次

編集協力　大河原晶子
図版作成　手塚貴子
本文組版　佐藤裕久

第一章　声から言語を考える

扉の向こうに、その人が待っている。一ヶ月間かけて準備をしてきたのに、そのことがまったく実感できずにいた。

緊張のあまり逃げ出したくもなったが、まわりがそれを許してくれない。実際に逃げるわけにいかないこともわかっている。いや、本心は逃げたくはない。

いよいよ扉を開けると、その人は深々とお辞儀をして待っていてくれた。顔はまだ見えない。

「思ったより小柄な人だな」

扉を開けた瞬間、私の脳はこの程度のことしか考えられなかった。しかし、この日、私は音声学者として多くを学び、多くを見つめ直すきっかけをいただいた。

その人は、私が近年抱いていた言語に対する問題意識を、まったく別の角度から証言してくれたのだ。後日、この日の様子を見た言語学者の同僚は「〇〇さんが上げた素晴らしいトスを、川原さんが見事にアタックした感じですね」と評価してくれた。

そんな、人生の中で一生忘れることがないであろう一日が幕を開けた。いささか陳腐な表現で恐縮だが、あのとき開けた扉は、新たな世界への扉だった。

開かれた扉の先に

では、当時私が抱いていた問題意識とは何か。それは「書き言葉がコミュニケーションのメインツールとなりつつある現代社会との向き合い方」である。

私たちはコミュニケーションを取るときに、音声を使うことも文字を使うこともできる。小学生の頃から文字を教わる現代の日本では、音声も文字もさほど変わらないという印象を持っている人は少なくないかもしれない。いや、「メールとかSNSとか、文字を使ったほうが楽。わざわざ電話や対面で話すなんて面倒くさい」と思っている人もいるかもしれない。

しかし、文字——つまり書き言葉——では、音声が持っている豊かな情報の多くが失われてしまう。そのことが原因で誤解が生じ、いさかいに発展してしまうことまである。特にインターネット上では、匿名性も相まって、誤解から炎上に発展することも少なくない。

現代では他者とコミュニケーションを取る上で、音声よりも書き言葉を使う割合がどんどん高まっている。よって、誤解をきっかけとしたすれ違いは、増えこそすれ、減ることはなさそうだ。これは社会問題とすら言える。

この重要な問題について考えるためには、「言語とは何か」という根本的な問いに立ち戻る必要があるように思う。根本的な問いであるがゆえ、自信をもって答えを出すことが難しい。言語学者一〇〇人に問うたら、一〇〇通りの答えが返ってきそうだ。

だが、私であれば、「言語とは、『音』によって『意味』を伝えるシステムである」と答えるであろう。そして、「言語にとって、文字はあくまで補助的なものである」と付け加えるであろう。というわけで、以降で「音声と文字の違い」について読者のみなさまと考えていきたいと思う。

この議論を先に進める前に一点だけ補足させてほしい。先ほどの私の答えを聞いて、「音を使わない手話は言語じゃないの？」と思った方も少なくないかもしれない。私は音声を専門に研究しており、手話言語について専門的には語れない。しかし、手話言語も音声言語と同じような複雑な仕組みを持っていること、そして、手話言語は音声言語にまったく劣らない表現力を持っていることだけは明記しておきたい。

つまり、私が問題にしているのは、「視覚」vs「聴覚」ではなく、「自然言語（音声言語＋手話言語）」vs「書き言葉」である。

文字が言語の本質ではない三つの理由

少し広い目で考えてみれば、人間社会では、戦後しばらくは対面でコミュニケーションを取ることが当たり前だった。その頃は音声だけでなく、表情・身振り・手振りすべてが自分の意図を伝える道具だった。ところが、一九五〇年代以降に電話が普及したことで、表情などが捨象された「音声のみ」のコミュニケーションが始まった。さらに、二〇〇〇年頃にインターネットが普及し、書き言葉でのやり取りが当たり前になり、我々のコミュニケーションの主要部分を占めるようになっていった。

ただ、人間言語の歴史を遡《さかのぼ》れば、書き言葉など新参者もいいところである。諸説はあるものの、人間言語が誕生したのは二〇〇万年ほど前で、文字が生まれたのは五〇〇〇年前程度と推測される。すると、文字の歴史など、言語の歴史に比して四〇〇分の一である。〇・二五％だ。つまり、書き言葉の歴史は、言語の歴史の中では極々短い期間でしかない。

識字率の高い日本ではピンとこないかもしれないが、ほとんどすべての話者が文字を読めるという状況だって、世界中を見渡してみれば当たり前のことではない。日本だって、長い間、文字は知識人のための贅沢品《ぜいたくひん》であった。一般人がほぼ全員文字の読み書きができる、という状況になったのは最近のことである。アジアやアフリカ、オーストラリアなどには、まだまだ文字を持たない言語も存在するという。つまり、文字がなくても言語は成立するのだ。

さらに、人間の赤ちゃんは、まず音声言語を学び、そののちに文字を学ぶ――まず文字から母語を学ぶ赤ちゃんはいない。これは実際、私が自らの子育てを通して改めて痛感したことだ。本書執筆時、下の娘は幼稚園の年長さん。ひらがなに興味はあるものの、まだ読めない字もたくさんある。しかし、私と娘が言語を使って通じ合えないかと言えば、そんなことはない。人間同士だからすべてをわかり合えるわけではないが、「文字がわからないから」という理由ですれ違ったことはない。また、子どもは音声言語は自然に身につけてしまうのが一般的だが、文字の習得にはそれなりの訓練が必要となる。

つまり、①歴史、②文字を持たない言語の存在、③子どもの言語獲得、これらのどの観点から考えても、言語にとっての本質は「音声」であり、「文字」ではない。だとするなら、文字がコミュニケーションのメインツールとして使われている状況は、人間にとって自然な状態ではないとすら感じる。

書き言葉を一方的に否定するのも違う

とは言うものの、現代社会においてメールやSNSは重要な役割を担っている。書き言葉には書き言葉の利点があるし、私自身、書き言葉に頼る毎日だ(第一、この書籍だって書き言葉で書かれている!)。だから、「書き言葉を廃止すべし」などと非現実的な提案をするつもりは微塵《みじん》もない。

そうではなくて、書き言葉も決して万能ではなく、書き言葉によっては表現しづらい、あるいは失われてしまう情報があることにも目を向けてはどうかと言いたいのである。ただ、この点に関しても、現代人の誰もが完全に無自覚であるとは思っていない。文末につける「笑」「涙」や「ｗｗｗｗ」などの表現や、「！」や「⁉」の使い方、さらにはメールやＳＮＳでの絵文字やスタンプの使用は、音声から失われる情報を、書き言葉に何とか留めようとしているサインだと感じる。

畢竟《ひっきょう》、音声学者としての私の仕事は、書き言葉にむやみやたらと否定的になることではなく、音声の中には込められているが、書き言葉では失われてしまう情報の数々を明示的に提示することなのではないか。近年、こんなことを考える機会が増えていった。

天から降ってきたこれ以上ない題材

あれこれ考えを巡らせている時期に、何の運命のいたずらか、この問題について、身近な話題を通して世間の方々と一緒に考えられる、これ以上ない題材が天から降ってきた……。その題材とは俳優の「上白石萌音《かみしらいしもね》さん」である。

もちろん、上白石さんご本人が降ってきたわけではない。ここで、唐突な名前が登場してびっくりした読者の方々もいらっしゃるかもしれない。安心してほしい、この話が来たときには、私も同じくらいびっくりした。せっかくだから、あの日に何が起こったのか、その裏話からお話ししていこうと思う。

二〇二四年の三月に、NHKから「上白石萌音さんと『スイッチインタビュー』というテレビ番組で対談しませんか?」というオファーが舞い込んできた。私の前著『フリースタイル言語学』(大和書房、二〇二二年)を読んで言語学に興味を持ち、私を対談相手に指名してくださったとのこと。

ちなみに、上白石さんが十代のときに主演した映画「舞妓はレディ」は、鹿児島方言と津軽方言のバイリンガル少女が、京都で舞妓になるべく、京都方言とその他の芸事を身につけていくストーリーで、上白石さん演じる主人公の少女と、長谷川博己さん演じる言語学者とのやり取りも見所のひとつだ。

また、この映画はオードリー・ヘップバーン扮する下町娘イライザが、音声学者ヒギンズ教授に上流社会の話し方と作法を教わる「マイ・フェア・レディ」という映画を下敷きにしており、音声学との関わりが深い。「マイ・フェア・レディ」を監修した音声学者は、私の学問上の曽祖父《ひいおじいちゃん》にあたる方で、このオファーには不思議なご縁を感じずにはいられなかった。尊敬する曽祖父の偉業を、日本でたどることができるかもしれない!

ともあれ、上白石さんと対談できる機会などそうそうないだろう——ことの重大さも番組の詳細も理解しないまま、私はこの企画を引き受けてしまった。しかし、実際に制作側と打ち合わせする段になってはじめて、「この番組は初対面であることを大事にしているので、上白石さんとの事前の打ち合わせはナシで」と言われてしまい、ハードルが上がる。「次回からは番組の趣旨を理解してからオファーを引き受けよう……」などと反省している暇も余裕もない。

追い打ちをかけるように、ディレクターからは「上白石さんのファンならすでに知っている以上のことを引き出しましょう!!」なんて言われてしまい、すでに上がったハードルがさらに引き上がる。数日後、対談場所が帝国劇場に決定した。「帝国劇場」って、私はただの研究者ですよ? もうハードルは天まで伸びていった。

俳優の演技を音声学で分析する

一介の音声学者である私が、初対面の上白石さんから「ファンならすでに知っている以上のこと」を帝国劇場で引き出すことができるのだろうか……。

しかも、「音声学は声のプロの役に立つ!」などというスローガンを掲げながら活動している私が言うのもなんではあるが、あの上白石萌音が私を対談相手に指名した、という事実——そして、その理由——がどうしてもよく理解できずにいた。正直「私でいいの?」と自問自答する毎日が続いた。気分としては、エントリーしていないオリンピック競技への出場が一方的な推薦で決まった感じ。「私でいいの？」。

そんな中、上白石さんは当時、「千と千尋の神隠し」の舞台で主役の千尋役を演じている真っ最中であり、なんと家族全員を帝国劇場での公演に招待してくださった。主演の方から直々に舞台に招いていただける機会など人生で二度とないだろうし、妻も娘たちもおおはしゃぎ。「川原家の春休みの思い出づくり」というレベルで、妻と娘たちはお洒落な勝負服に身を包み、帝国劇場へ、れっつごー。

ただ、家族にとってはルンルン気分のお出かけだったかもしれないが、私にとっては、単なる演劇鑑賞ではない。音声学者として「上白石さんの演技を題材に番組で話せる何かを見つけ出す」という使命を背負っての観劇である。私の仕事は舞台を楽しむこと（だけ）ではなく、対談の話題を見つけることだ。

しかし、そこは音声学に人生を捧げる覚悟をしてから二〇年以上の身である。「まずは楽しまないと見えてくるものも見えてこない」と観劇していると、自然に「あ、千尋の声はこういう風に出しているのかな？」「あれ？　全体的に千尋声は高いけど、いま低くなった？」と分析を始めている自分がいた。舞台が終わる頃には「実際に音声を測ってみたい！」という音声学者としての欲求が溢れ出ていた。

じつは、演技を音声学的な観点から分析することには前々から興味を持っていた。実際過去には、声優の山寺宏一さんの演技を音響解析して、ご本人に披露する機会をいただいたこともある。しかし、山寺さんの分析は、すでに録音されていた別々のキャラの「別のセリフ」を比較したものであった。つまり、厳密な比較のため別々のキャラで「同じセリフ」を演じ分けした音声を用意していただいたわけではない。いや、そういう分析をやりたいとは思いつつ、なかなか実現できずにいた。

そんなわけで、上白石さんの演じ分けの音声を事前にいただいて、音声学的な見地から分析したものを収録で披露したい、というリクエストを制作側に伝えてみた。

すると、上白石さん側も承諾してくださり、千尋声と地声で作中のセリフをいくつか読み分けた音声ファイルが、収録の数日前に送られてきた。ただ、いかんせん、お互いの多忙なスケジュール上、音声ファイルが送られてきてから本番まで、分析をおこなうために残されている時間が限られていた。そうだ、あの人に頼んでみよう……。

「あ、Kさん、例の件ですが、あんまり時間がなくて……分析のために、仕事場をお借りしていいですか？　あ、ありがとうございます、助かります。お茶出していただいて恐縮です、なんかすみません……あ、おかわりいいですか？　あ、なんか面白いタイトル思いついちゃったかもです」

Kさんとは誰か。それはあとでね。

俳優のトスと言語学者のアタック

さて本番では、その分析を「萌音と千尋の声比べ」と題して、ご本人に披露した。いま振り返ると、初対面の方に披露するものにしては、ずいぶん大胆なタイトルをつけたなぁと思う。当時の私も、なんとか対談を盛り上げようと必死だったのだろう。

幸い、こんな攻め気味のタイトルに対しても、上白石さんは気分を害されることなく喜んでくださった（ように見えた）ので一安心。ともあれ、当たり前と言えば当たり前だが、地声と千尋声では、だいぶ違った音声特徴が観察された——そして、これらの違いこそが、「文字にしたとき、音声から失われる情報」の数々について雄弁に物語っていたのだ。

「声比べ」を披露したのち、私が持っていた書き言葉中心社会に対する危惧《きぐ》を伝えたところ、上白石さんは「声を大事にしたい」と断言してくれ、大いに盛り上がった。上白石さんが上げてくれた綺麗なトスを、私がアタック——同僚の言語学者の喩《たと》えは、放送されたこのやり取りを見てのことである。

それでは、声比べから何が見えてきたのか、詳細を追っていくことにしよう。少し堅苦しい前置きになってしまったかもしれないが、以下で展開するお話は、あまり身構えず、「上白石萌音の副読本」くらいの気分で読んでもらっても、それはそれですごく嬉しい。

千尋は「び」の両唇を閉じきらない

まず、録音してもらったセリフのひとつに、舞台冒頭の「さびしくなるよ　千尋　元気でね　りさ」という友だちからの手紙を読み上げるものがあった。このシーンでの千尋は、引っ越すことが億劫《おっくう》で、あまり元気がない。この千尋の気持ちを上白石さんがどのように表現しているのか。音声学者としては非常に興味があった。

千尋声と地声を聞き比べて、まず印象に残ったのが「さびしくなるよ」の「び」の発音。読者のみなさまも、ゆっくり「び」と発音してみてほしい。この音の子音部分である[b]を発音するときには、両唇が閉じるのを感じられるだろう。

ちなみに、音声学を楽しく学ぶコツのひとつは、自分でも発音してみて、自分の体がどのように動いているかを観察することだから、本書の中で「発音してみてほしい」と言われたら、声は出さなくてもいいから、自分でもやってみてほしい。これをやるのとやらないのでは、音声学を学ぶ楽しさが相当違う。

さて、「び」の話に戻ろう。実際に、地声で「び」を発音しているときには、上白石さんの両唇はしっかりと閉じていた。一方で、私の耳には、千尋声では「び」の発音時に両唇が閉じきっていないように聞こえた。

せっかくの機会だから、この違いを目で見て確認してみよう。図1-1はスペクトログ

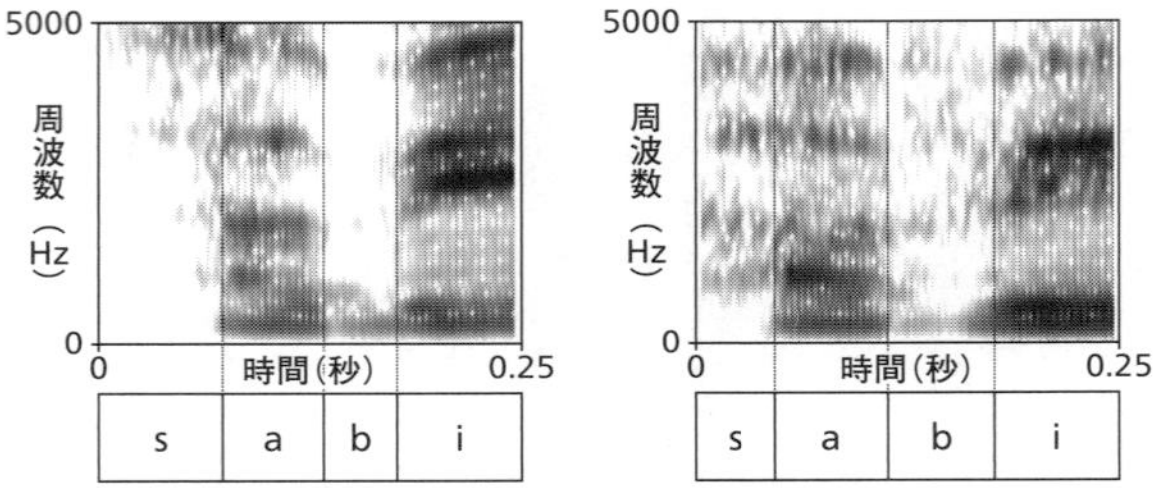

図1–1：地声の [b]（左）と千尋声の [b]（右）

ラムと呼ばれ、発せられた音声がどのようなエネルギーを持っているかを解析してビジュアル化したものだ。

この図の詳細を理解するためには、まるまる別の本を一冊読んでもらう必要があるので、ここでは簡単に説明させてもらいたい。スペクトログラムは、縦軸が周波数を、横軸が時間変化を示している。黒くなっている部分が、それぞれの音がエネルギーを持っている周波数帯。どちらの図も「さびしくなるよ」の「さび」[sabi] の部分を表していて、左図が地声、右図が千尋声である。

左図では[b]と示された区間は、とても低い周波数以外は、ほぼ真っ白になっている。これは、完全に両唇が閉じている証拠である。両唇が閉じていると、声のエネルギーが、ほぼすべて口の中に閉じ込められ、このような音響信号として現れる。

一方で、右図が千尋声における「両唇が完全に閉じていない[b]」を表している。左図と比較すると、[b]の区間に縦の黒縞のようなものが何本も観察される。これは、両唇が完全に閉じきっておらず、口の中からエネルギーが漏れていることを示している。

つまり、このセリフでは、「千尋の億劫さ」が「両唇を閉じきらないこと」で表現されているのだ！「私は両唇を閉じるという労力もかけたくないほど、けだるく話していますす」という不満の気持ちが音声に表れているとも言える。

口輪筋を使わずしゃべりたい

対談時に、ご本人にこの分析をお見せしたところ、このセリフでは「行きたくない」という気持ちを表現するために「全身の力を抜いてやろう」と思いながら演じている、とおっしゃっていた。「何も筋肉を使わずにしゃべりたい」という感覚であるとのこと。

人間は唇を閉じるために「口輪筋《こうりんきん》」という筋肉を使う。まさに「び」で唇を閉じないこと——つまり、口輪筋を十分に使わないこと——によって千尋の「行きたくない」という感情を観客に伝えているのだ。音声学的な分析が、上白石さんご本人の感覚と一致している！

先に述べた通り、この収録では、事前の打ち合わせは御法度《ごはっと》。上白石さんに「川原先生の分析、私の感覚と全然違います。的外れです」などと言われてしまう可能性を常に恐れていた臆病者の私は、このやり取りで、一安心。いや、まぁ、でもたしかに、事前に打ち合わせしておいて、ご本人の感覚と合致しているところだけを収録したら、それはそれで「やらせ」になってしまう。事前打ち合わせなしの収録方法は、科学的に健全な態度とも言える。でも、心臓によくはない。

この章の全体的なテーマに戻ろう。日本語では、「び」の発音時に両唇を閉じるのが一般的だが、完全に閉じなくても「び」として聞こえるわけだ。そして、完全に両唇を閉じない発音を使うことによってこそ伝わる意味もある。しかし、書き言葉に落とし込んでしまえば、両唇を閉じていても閉じていなくても、どちらも同じ「び」。千尋のやる気のなさは、文字では伝わらないが、音声でならば伝わる。

俳優とアナウンサーの共通原理

「スイッチインタビュー」の収録後、私は友人でもあるＮＨＫの高井正智アナウンサーのもとを尋ねた。彼がアナウンサーになるずっと前からの付き合いで、友人として気兼ねなく話せる一方、プロとしても、音声表現についていろいろと語り合っていたからである。

テレビ出演あるあるだが、収録が終わった後、番組情報が公開されるまで、ネタバレを避けるためにも番組のことは基本的に口外してはいけない（別番組では、誓約書を書かされたことすらある)。しかし、あの収録について誰にも話さないでいられるほど、私の心の蓋《ふた》は固くなかった。王様のロバ耳を目撃しちゃった床屋さんの気持ちがよくわかる。

というわけで、同局の職員であり、口が固く信頼できる相手として高井アナに時間をつくってもらったのである。はじめは友人としてただただ話を聞いてくれていた彼だったが、そのうち議論が白熱しだし、アナウンサーとして彼自身が上白石さんの演技と同じことを、逆の方向からやっているかもしれない、という話になっていった。

最近ナレーションを当てるとき、語頭をしっかり発音すると「説得力が増して聞こえる」と周りから言われる、というのだ。その背後に上白石さんの「び」の発音と同じ原理が働いているのではないか、との考えが私の頭の中をよぎった。そこで、彼に「説得力のある読み方」と「普通の読み方」を実演してもらったところ、語頭で口が閉じるべきときにしっかりと口を閉じている話し方が、「説得力のある読み方」であることが判明した。

つまり、こういうことだと思う。前提として、唇や他の器官を動かして音声を出すことは労力を必要とする。「両唇を閉じる」という動作ひとつとっても、人間はカロリーを消費して口輪筋を動かさなければならない。よって「両唇を完全に閉じない」話し方は、聞き手に対して「自分は労力を消費したくない」というメッセージを含意する。

逆に、高井アナウンサーが「説得力のある読み方」でやっているような「完全に両唇を閉じなくても発音としては成立する音を、わざわざ、しっかりと両唇を閉じて発音する」という話し方は、聞き手に対して「自分の労力を費やしてでも、あなたにしっかりとメッセージを伝えたい」という思いを伝えることができる。

つまり、同じ音を発音するにしても、話者は、どれだけその発音に労力を費やすかを選ぶことができ、その費やした労力自体もメッセージとして聞き手に伝わるのだ。このような機微は、書き言葉で表現するのは非常に難しいと思う。

なぜ母音をはっきり終わらせなかったか

上白石さんの演技に話を戻そう。私が演じ分け音声を最初に耳で聞いた際、気になったもうひとつの際立った違いは、「さびしくなるよ」の「よ」の終わり方であった。上白石さんは、はきはきと話す方で、地声では「よ」の終わりがはっきりとしていた。それに比べて千尋声で読まれたセリフでは、「よ」が伸ばされて発音され、かつ、だらしなく終わっていた。声がだんだん弱くなっていて、どの地点で終わっているのかはっきりしない、という感じ。

この違いを音響信号の観点から見てみよう。今回は「波形」という、発音によってどのような空気の圧力変化が生じたかを解析した図だ(図1-2)。縦軸は圧力変化の大きさ

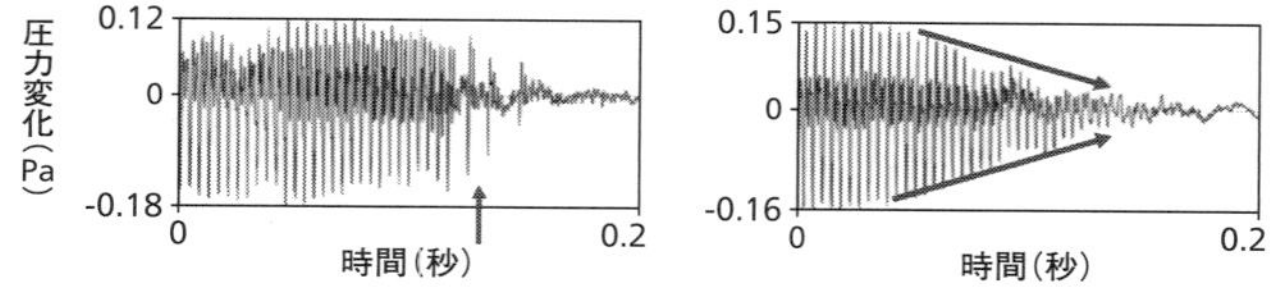

図1–2:地声(左)と千尋声(右)における、「よ」の終わり方の違い

(Pa)《パスカル》を、横軸は時間を示す。どちらの図も「よ」の終わり部分を示していて、図の左端から「よ」の母音による波が続いている。

左図の地声では、矢印で示している部分で急激な変化が観察される。これは上白石さんが、「ここで『よ』がおしまい」という地点を表すために、声帯をピチッと閉じようとしていることを示している。一方で、右図の千尋声では、「母音を終了させる」という明確な動作は観察されず、何となくじんわりと母音が終わっていく。

私たちが声を発するとき、大抵の場合、声帯を振動させる。よって、話し終えるときには、声帯振動を止める必要がある。だが、声帯に慣性が働くこともあって、声帯振動をピチッと止めるためには、やはり、それなりの労力が必要となる。

ということは、先ほどの「び」の発音と同じく、千尋声からは「声帯振動をピチッと停止させるのは面倒なので、私は適当に振動が止まるのを待ちます」というメッセージが聞こえてくる。

もちろん、音声学者でない聞き手が、このように論理的に考えて理解しているわけではないだろう。しかし、「よ」の「だらしない終わらせ方」によって「千尋のけだるさ」が伝わると考えるのは、音声学的にはとても理にかなっている。そして、このような「けだるさ」は、文字の「よ」には込められない。

俳優にとっての「間」、そして「話速」

「さびしくなるよ　千尋　元気でね　りさ」のセリフについて、さらに気になった違いは「話すスピード（話速）」であった。私が録音を聞いたときにまず感じたのは、「間」の長さの違いだった。

このセリフには三ヶ所の「間」があるのだが、どれも千尋声のほうが、明らかに長かった。そして、何回か聞き直しているうちに、千尋声のほうが全体的にゆっくり話していることもわかってきた。

「間」の長さや話速を客観的に観察するために、千尋声と地声のスペクトログラムを図1-3に示す。音の長さが比較できるように、どちらの図も全体で七秒になるように調整してある。

図を見ると、このセリフは地声では五秒ほどなのに対して、千尋声では七秒近くかかっている。それぞれの「間」も、千尋声のほうが長いことが見てとれる。「ゆっくり話すこと」そして「長い間」から、千尋の「けだるさ」や「不満っぷり」が感じられる。

(a)　地声

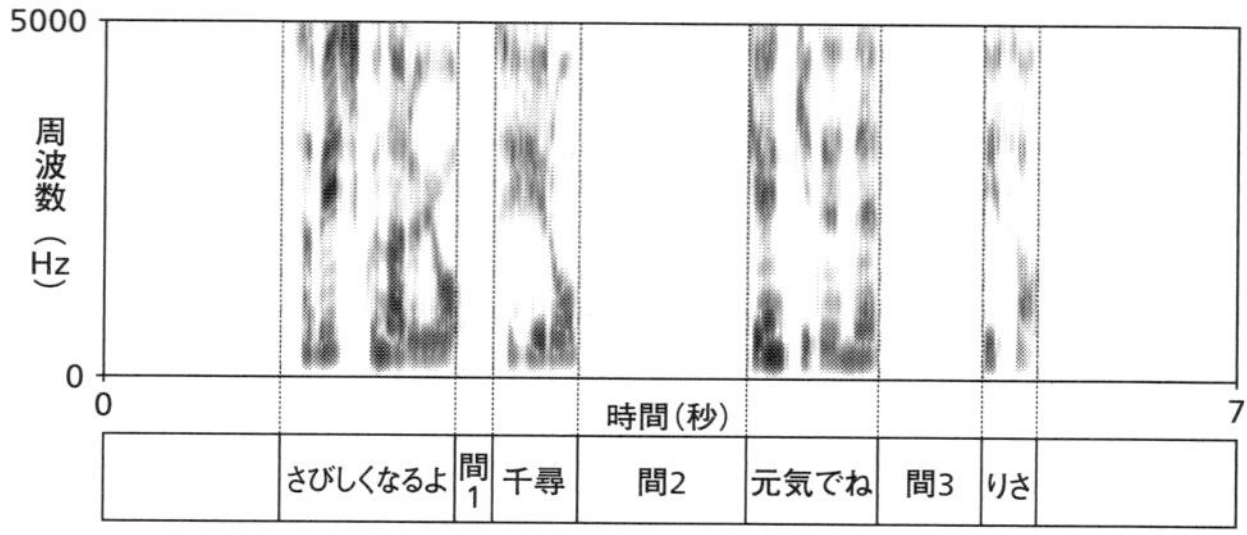

(b)　千尋声

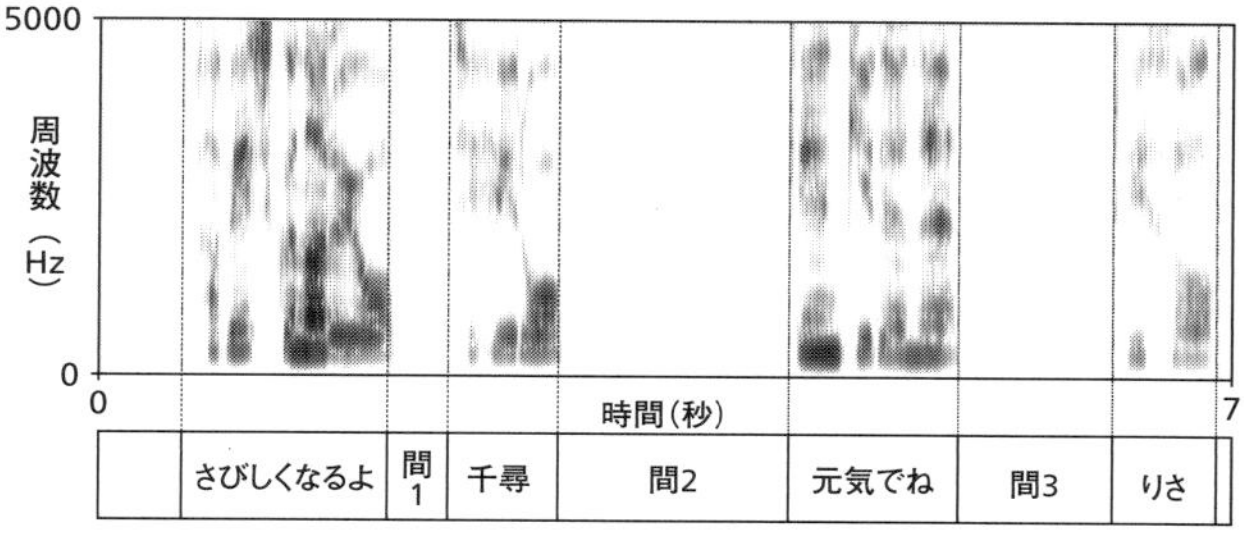

図1–3：「さびしくなるよ　千尋　元気でね　りさ」のセリフの演じ分け

ここで、風邪を引いているときの自分の感覚を想像してみよう。だるいときには、体の動きがゆっくりになる。つまり、他の身体運動と同様、声の出し方においても「ゆっくり」＝「けだるい」という連想が働くのだろう。

この比較から、「間の長さ」や「話す速度」というのも、重要な表現手段のひとつであることがわかる。しかし、やはり書き言葉にしてしまえば、これらの情報は失われてしまう。間の存在を表現するために「、」を用いても、その長さまでは表現できない。いわんや話速をや、である。

声の抑揚の違いから見えてくること

さらにもうひとつ際立って観察されたのが、声の抑揚の違いである。具体的に言うと、千尋声では「声の高さの変化の大きさ」が弱いように感じた。私たちが話しているとき、声の高さはいろいろな要因によって変化するのだが、その変化の大きさが千尋声ではどうも弱そうだ。

この違いも実際に音響解析してみたところ、図1－4のような違いが見えてきた。どちらも「声の高さ」をプロットしたものだが、点線が地声で、実線が千尋声を表している。縦軸は声の高さで、単位はHz《ヘルツ》（＝声帯が一秒で何回震えるか）。点線の地声のほうが、高いと

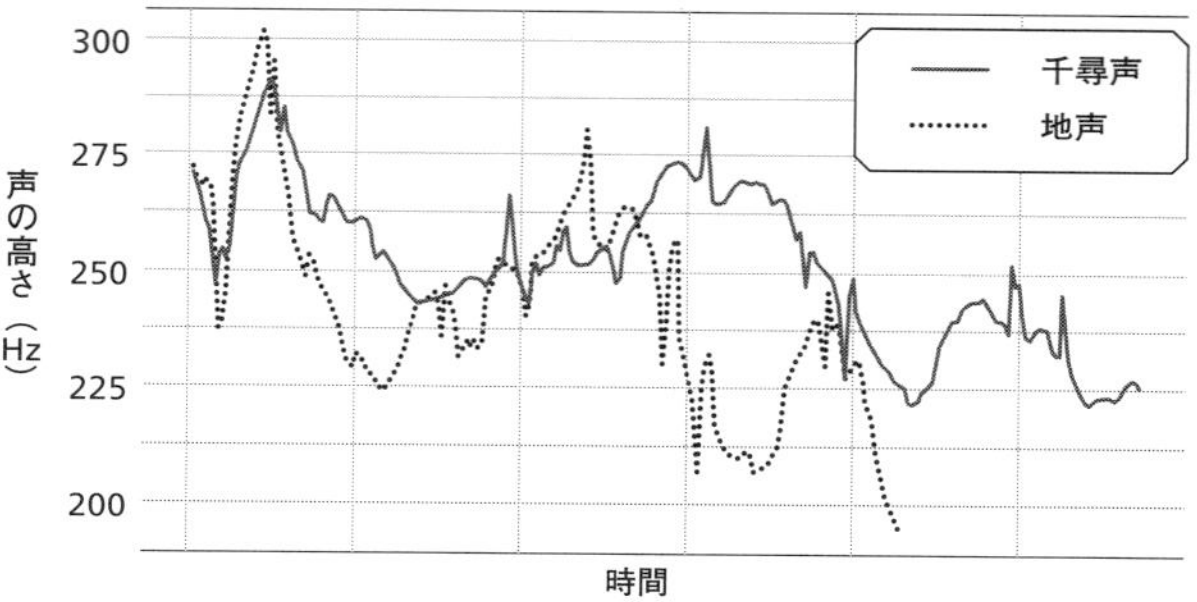

図1–4:「さびしくなるよ　千尋　元気でね　りさ」の声の高さの変化

ところはより高く、そして低いところはより低くなっている。

地声と千尋声の差は、全体的な傾向としても見てとれるが、「さびしくなるよ」に対応する一番左の山を比べると、この違いがはっきりとわかると思う。地声のほうが、山の高さがより高く、谷の低さがより低い。

この千尋声における「変化の度合いの弱さ」もまた、このセリフでの「千尋のやる気のなさ」を表現しているように思う。一般的な用語を使うならば、図1–4で表れているものは「抑揚の大きさ」と言えるかもしれない。

ハキハキ話すときには抑揚が大きくなるし、やる気がないときには抑揚が小さくなる、というのは納得できる話だろう。先ほど話した「どれくらいの労力をかけて発声するか」に通じる話だが、声の高さを変化させるためにも、筋肉を使う必要がある（詳しくは第五章で解説するので乞うご期待！）。よって、「声の高さの変化のなさ」も「やる気のなさ」を伝えることに一役買っているのだろう。

日本語では「飴」（低高）と「雨」（高低）のように「音の高さの違い」によって意味が変わる単語が存在する。だから、声の高さを変化させることなど、当たり前のことに思えてしまうかもしれない。しかし、声の高さを変えるのにも、労力がかかる。

実際に、世界中の言語を見渡すと、気候が全体的に乾燥している地域では、声帯への負荷が大きく、声の高さを正確に操るのが大変なため、「飴」と「雨」のような違いを用いない言語が多い、という主張もあるほどだ。声の高さを変化させることも当たり前のようでいて、当たり前のことではないのだ。上白石さんは、そのことを演技に応用しているのだろう。

声の高さ——ましてや声の高さの変化の度合い——というのも日本語では書き言葉には表れない要素のひとつである。よって、図1-4に現れているような違いもまた、音声から書き言葉に落とし込んだときに失われる重要な情報と言っていい。

「自然な形」に逆行して意志を伝える

「声の高さの変化度合い」は、他の部分の演技でも存分に活用されていた。「さびしくなるよ……」というセリフに加えて、劇の中盤、千尋が豚になった両親を励ます「お父さんお母さん　きっと助けてあげるから　あんまり太っちゃだめだよ　食べられちゃうからね」というセリフも録音してもらっていた。

このセリフでは、発せられている千尋の想いが先述のそれとまったく異なるので、どのような音声的な違いとして現れるのか、計測してみたかったのである。図1－5は、音の高さの観点から先述のセリフと、この励ましのセリフを比べたものだ。比較のため、声の高さを表す縦軸の範囲を揃えてある。

「元気のない千尋」は、声の高さが全体的に低めで、かつ右下がりになっている。これは、ある意味「自然な形」で、特に意識しない限り、私たち人間の声は文の後半にいくにつれて高さが下がっていく。一方で、そんな傾向に逆行して、決意した千尋の声の高さは、右肩上がりになっている。この右肩上がりの変化によって、聞き手に千尋の強い意志が伝わる。

ある意味、高井アナウンサーの「説得力をもって話すときの話し方」に通じるものがあるかもしれない。楽をしないで労力をかけて発音すれば、その想いはしっかりと伝わるのだろう。

また、高井アナはこんなことも語っていた。読む原稿が与えられて、ある特定の単語を

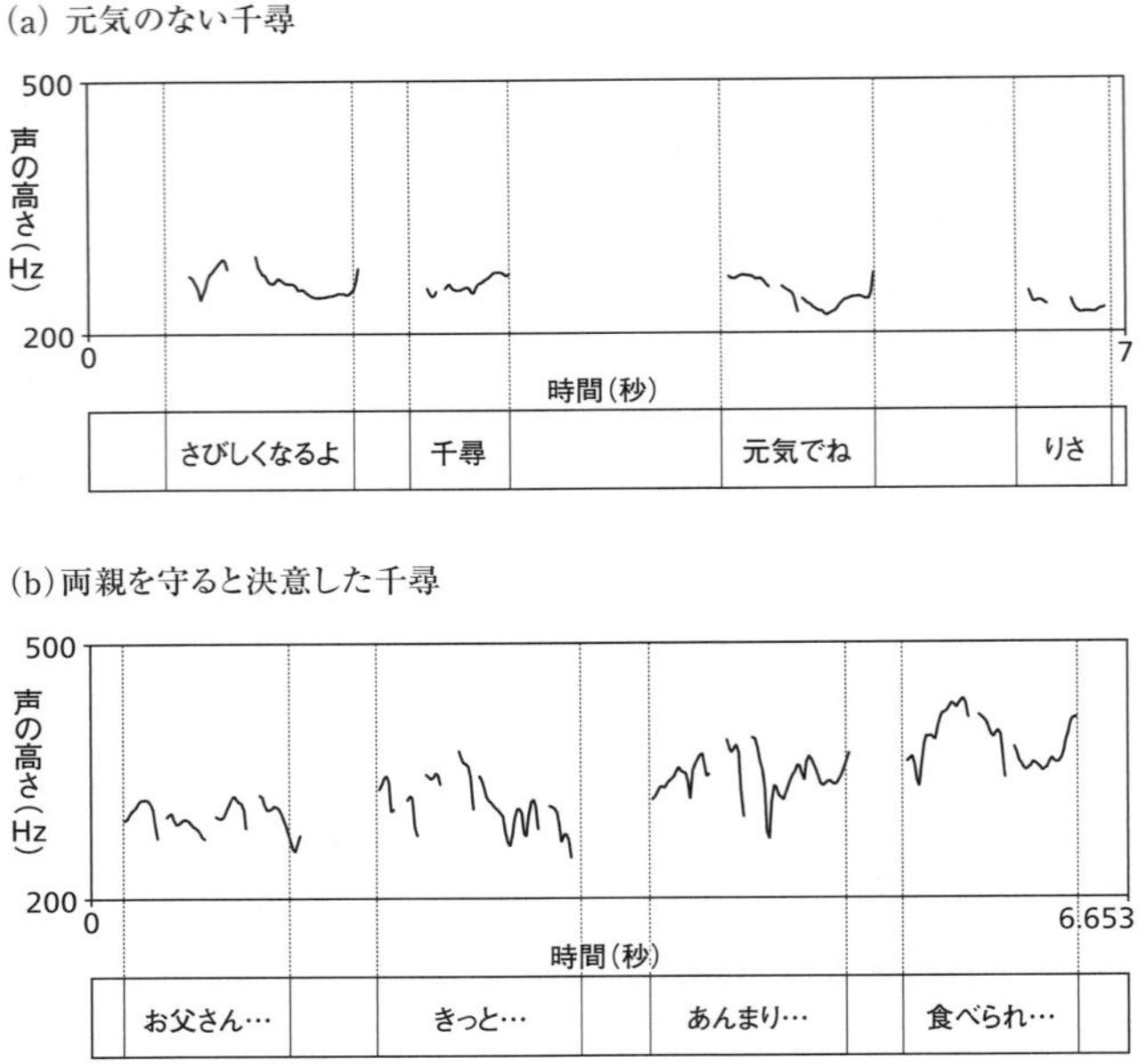

図1–5：ふたつのセリフの声の高さを比較したもの

強調したいとき――放送や演劇などの業界では特定の部分を「立てる」という――あまり高いところから声を始めると、立てにくくなる。そういうときには、わざと低いところから始めて、立てた部分がしっかり高く聞こえるように調整するらしい。

ふたりとも、「文全体として、音の高さがどのように変化するのか」という俯瞰的《ふかんてき》な観点をもって、発音を調整しているのだ。

このように、俳優とアナウンサーの発音について共通原理を見出し、橋渡しできたとき、音声学者として誇らしく思う。「あなたたちがやっていることは、こういうことで、それはこういう数値に表れていて、こういった原理が背後にあると考えられます」。こういうプレゼントを喜んでくれる声のプロたちがいることは、学者として、とても励みになる。

理性を超えた想いを声に込める

この両親を励ますセリフの千尋声と地声を比べたときに、私の心に刺さるものがあった――ここは、送られてきた演じ分けの音声を分析していて、私がもっとも感動した部分だと断言できる。このセリフを上白石さんに録音してもらうように決めた過去の自分を褒めてあげたい。

実際の音声をお届けできないのが残念だが、「食べられちゃうからね」の部分の声の高

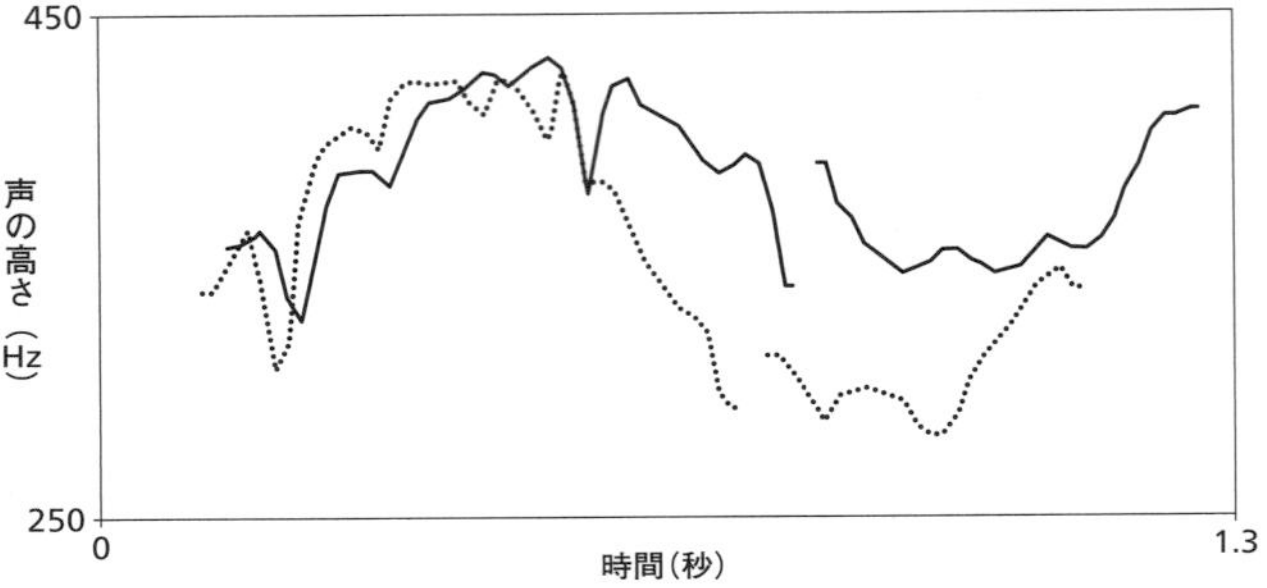

図1–6：「食べられちゃうからね」の声の高さの変化（点線は地声、実線は千尋声）

さの動きが、千尋声と地声で明確に異なっていたのだ。この比較を図1－6に示そう。点線が地声で、実線が千尋声。同じセリフなので全体的な動きは似通っているものの、千尋声のほうが後半部分の声の下がり方がかなり弱くなっている――つまり、高いままでいる。

収録時に、このセリフで千尋声で表現している感覚をお尋ねしたところ、ご本人でもひと言では言い表せない気持ちが込められていることが伝わってきた。「理性を超えちゃっている気持ち」「考えるよりも先に（言葉が）出ちゃっている感じ」「怒りとか悲しさとか、千尋が小さな体でどうしても消化できない、折り合いをつけられないものが、『パン』って出ちゃったっていう気持ち」というような言葉が、ご本人の口から次々と出てきた。

人間は「音の高さの変化」だけに、これだけ複雑な気持ちを込められるのだ。このことに感動すら覚えてしまわないだろうか？　私は覚える。このセリフに関しては、上白石さんと長めの議論が続き、最終的には、千尋の「落ち着きたくない感じ」を表現したいのだろう、という結論にいたった。

たしかに、「低い声」は「落ち着き」を表す。地声に比べて五〇Hzほど声を高めることで、千尋のひと言で表せないような気持ちを音声に込めたのだろう。

決意は声の強さにも表れる

いままで紹介してきた音の特性以外に、「声の強さ」も計測・分析してあった（残念ながら、放送ではカット）。千尋声では、冒頭の元気のないセリフでも他に録音したセリフでも、地声に比べて声の強さは小さかった。

しかし、先ほど紹介した両親を助けると決心したセリフにおいてのみ、千尋声のほうが地声よりも声の強さが大きかった！　これもやはり、「決意」が「声の強さ」によって表現されているのだろう。

声の強さを客観的に分析するため、「さびしくなるよ～」と「お父さんお母さん～」のセリフにおける母音部分を抽出し、地声と千尋声の「声の強さ（dB《デシベル》）」を、それぞれ計測してみた。その結果が図1-7。やはり元気のないセリフ（セリフ1）では、千尋声のほうが

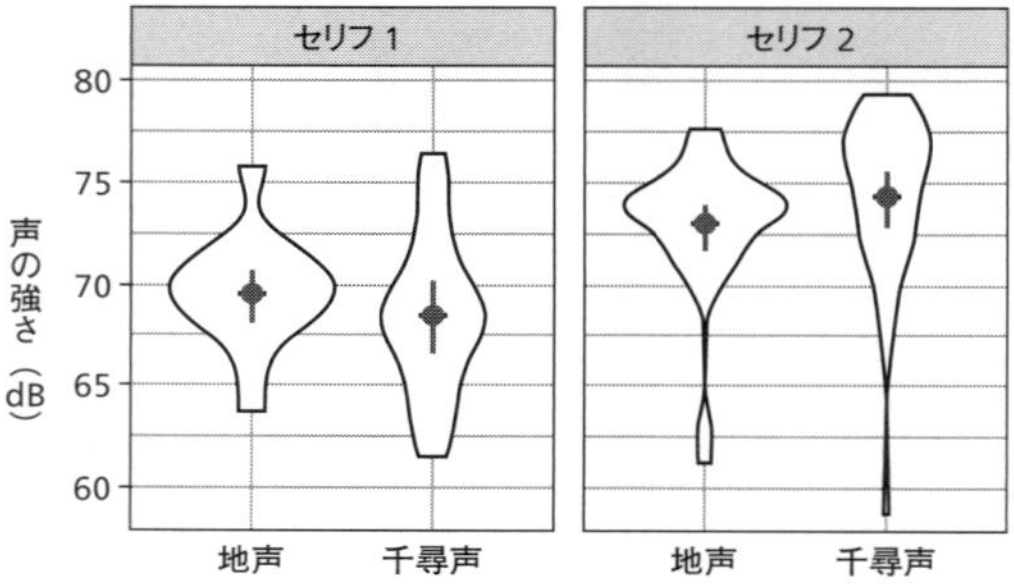

図1–7：地声と千尋声における声の強さ。各母音の強さの分布を示したバイオリン図。横幅に合わせてデータが存在し、中心にある丸は平均値を表す

声の強さが弱いのに対して、励ましのセリフ（セリフ2）では、千尋声のほうが声の強さが強くなっている。声の強さもまた、大事な表現方法のひとつであることがわかる。

そもそも少女の声をどう出しているのか

ここまでさまざまな音の特徴について触れてきたが、そもそも当時二六歳の上白石さんは、どのように一〇歳の少女を演じているのだろうか。

この問いに答えを出すために、事前録音で、地声と千尋声で「あいうえお」を数回発音してもらっていた。意味のあるセリフだと、文の意味や込められた感情が音声に影響してしまう。しかし、「あいうえお」だったら、純粋に音の性質を分析することができる。

いま考えれば、「千尋の声で、『あいうえお』っ

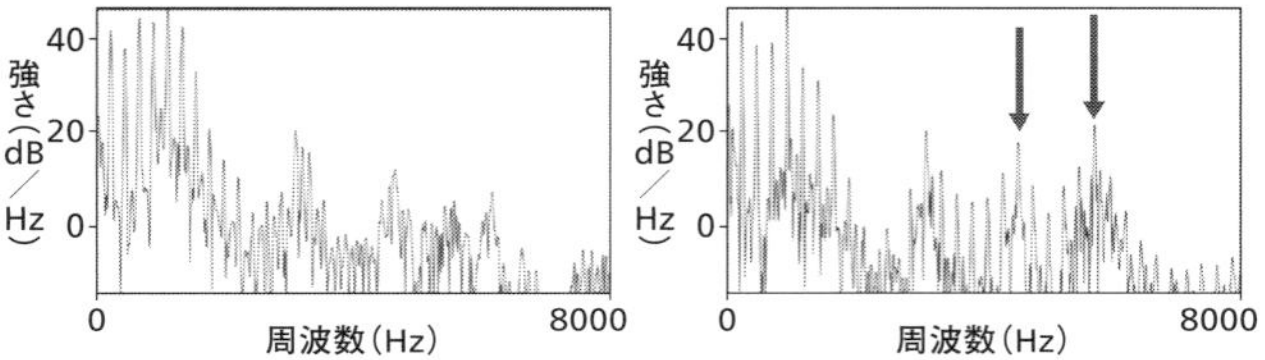

図1–8：地声（左）と千尋声（右）のスペクトル比較

て言うの？　ずいぶんと変なリクエストをする人だなぁ」と思われたことだろう。いや、まぁ、私の過去の著作を読んで私を対談相手に指名してくれたのだから、それくらいは想定内だったかもしれない。

ともあれ、千尋が劇中で「あいうえお」と発することはないから、私は世界で唯一、千尋の「あいうえお」の音声データを分析した人物だということになる。これは誇ってもいいことかもしれない。

閑話休題。それぞれの声を音響解析してみたところ、千尋声のほうが地声よりも、高い周波数の成分が強く観察された。図1－8はスペクトルと呼ばれるもので、それぞれの音がどのような周波数成分を持っているかを表している。横軸が周波数で、縦軸が強さ。右図の千尋声では、高い周波数成分が強く出ているのがわかる（矢印で示した部分）。

我々の声の源《みなもと》は、「喉頭《こうとう》」という器官の中に入っている「声帯」が震えることにある。喉頭の仕組みについては、第五章でじ

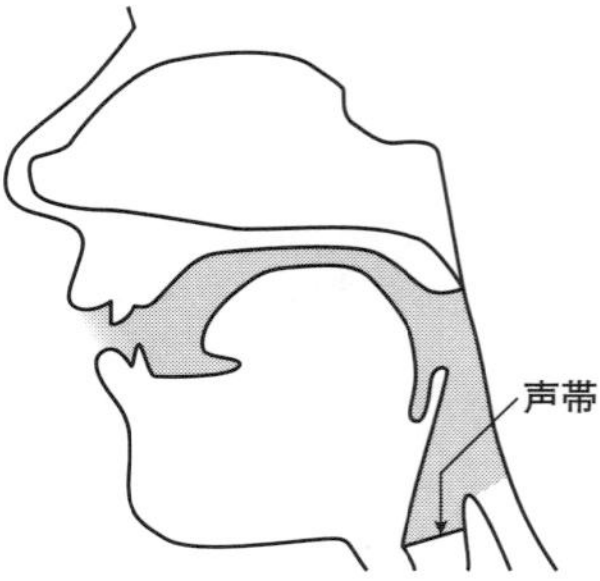

図1–9：声道（グレー部分）

っくり説明するが、いまの段階では、喉仏として外側から触れられる器官が喉頭だと理解しておこう。

そして、声帯の振動は、喉頭から唇までの「声道」と呼ばれる空間で響き（図1-9）、ここで響く声の周波数は、声道の長さに反比例する。これは楽器で考えるとわかりやすいだろう――ピッコロ（短い）とフルート（長い）では、ピッコロのほうがより高い音が響くのと同じ原理だ。

つまり、事前に送られてきた音声データからは、千尋声のときには喉頭が引き上げられて、声道が短くなっていることが予想された。収録時にご本人に確認するとやはり、地声と千尋声を比較すると、千尋声のときに喉頭がより高い位置にあることが判明。これまた、音声学的な分析から予想されることと、実際におこなわれていることが一致して一安心な瞬間であった。

ちなみに、喉頭の位置を操って声を変えるのは上白石さんの専売特許ではない。たとえば、声優の山寺宏一さんは、「らんま1／2」というアニメに登場する少年響良牙《ひびきりょうが》役の声を放送から三〇年ほどたったいまでも演じることができる。山寺さんが良牙の声を出すときにも、喉頭が引き上げられていた。

上白石さんも山寺さんも、「若々しさ」を表現するために、喉頭を上げることで、声道を短くし、高い周波数の音を響かせている。その高い周波数を聞いた聞き手は、そこから「声道の短さ」を感じ、結果として「体の小ささ」、つまり「若さ」が伝わるのだろう。

同じセリフであっても、喉頭の高さによって、その発し手の身体的な特徴まで伝わる。音声表現というのは、このような情報までも持っているのだ。

明らかになった唇歯音疑惑の真実

次の話題は、「声比べ」で直接的に扱った話題ではない。しかし、人間の音声表現に関わる重要な性質を体現しているので、ここで紹介させてもらいたい。

先ほど述べた通り、上白石さんとは初対面からの対談だったので、声比べの他にも、楽しい話題を事前に準備する必要があると感じていた。そう、「ファンならすでに知っていること」以上の話題。

音声学者である私を対談相手に指名してくださったからには、音声学者にしか引き出せない何かを提供して、その期待に応えたいではないか。そこで必死にいろいろと模索している中、「上白石さんは、唇歯音《しんしおん》を使用することがある」という噂を耳にした。

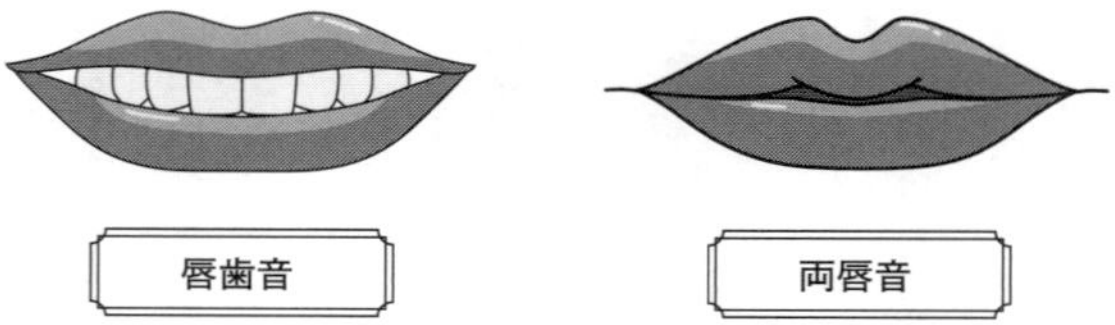

図1–10：唇歯音と両唇音

「唇歯音」とは、英語の[f]や[v]のように、上の歯を下唇に添えて発音する音のこと（図1－10）。日本語では、「ぱ行」「ば行」「ま行」などは、両唇を閉じる「両唇音《りょうしんおん》」を使う、というのが定説である。しかし、上白石さんは一般的には両唇音で発音される音を唇歯音として発音する場合があるのではないか、との疑惑（？）が。

この噂の真相を吟味するべく、インターネット上で視聴可能な上白石さんの顔（正確には、両唇）が観察できる動画の数々とにらめっこすることにした。すると、たしかに唇歯音が観察された。ただし、いつでも唇歯音を使っているわけではなく、両唇音として発音している場合も少なくない。

音声学者にとって、「ある音が、どのような場合にどのように発音されるのか」を分析することは、基礎的な訓練の一環としてたたき込まれる。学生時代に戻った気分で、上白石さんの両唇発話を観察し続けた。

私は最初、「両唇を閉じる時間がないときに、唇歯音で代用しているのだ」という仮説を立ててみた。しかし、この仮説は上白石さんが「ギャップ」の「プ」も唇歯音で発音することがあったことから、すぐに棄却した。「ギャップ」の「ッ」は、次の子音[p]を長い時間をかけて発音することを意味する。よって、「ギャップ」を発音するときに「両唇を閉じる時間がない」と考えるには無理がある。

もはやどれだけの時間、動画を観察していたのか、いまとなっては思い出せもしない。しかし、短くない視聴の末、私はついに答えを導き出した――「笑顔」である。

上白石さんは笑顔で話すときに、両唇音を唇歯音として発音していたのだ。人間は笑顔をつくるとき、口角を上げる。すると自然と上唇が上に引っ張られるため、上唇と下唇を閉じるのが難しくなる。そこで、上白石さんは「笑顔をキープすること」と「声道の前方で閉じをつくること」という、ふたつの要請を同時に満たす方策として唇歯音を使っていたのだ！

収録前に制作側から、上白石さんが「川原先生の授業を受けてみたい」とおっしゃっている、と聞かされていた。であれば、音声学的な分析を自らの発音を題材として体験してもらうのが一番ではないか。音声学を学ぶ喜びは、自らの発音について理解を深めることにあるのだから。

ということで、収録当日、まず両唇音を含んだ単語を発音してもらって、両唇が閉じることを確認した。発音してもらったのは、分析の題材となった動画の中で実際に観察された「名作」の[m]、「大丈夫　大丈夫」の[b]、そして「ギャップ」の[pp]である。笑顔でないときには、これらの音は両唇を閉じる両唇音として発音されていた。

そこで、笑顔をキープしたまま、これらの単語を発音してもらうと、やはり唇歯音が出現した。私の予想通り、唇歯音の出現の背後には「笑顔」という要因が隠れていた。私の仮説は、本人を相手とした実験にて証明されたのである。

もう唇歯音が気になって仕方がない

この唇歯音分析を思い出すたびに、私はつくづく研究者なのだと感じる。上白石さんの唇歯音がどのような状況で現れるのかを分析するため、何時間も動画とにらめっこしていたのは前述の通りである。

そして、「笑顔」という要因を突き止めたとき、私は興奮のあまり、仕事部屋から階段を駆け下りて、すぐさま妻に報告に行った(が、あまり相手にされなかった)。どれだけ研究人生を積み重ねても、言語に対して新たな発見をしたときの喜びというのは他に喩えようがない。

自分の仮説通り、笑顔によって唇歯音が発現した瞬間が放送で流れていた。自分でも少し恥ずかしくなるほどの、おおはしゃぎぶりである。しっかり番組公式Xアカウントでは、宣伝用切り抜き動画として使われていた。

しかし、おおはしゃぎ上等である。自分で発見した仮説が目の前で実証される喜びというのもまた、他に喩えようがないのである。逆に、これらが楽しくなくなったら、研究者としては終わりだとすら思う（個人的な意見です）。

そして、収録後の私は唇歯音が気になって仕方がなくなった。収録の数日後、娘たちと映画「名探偵コナン」を観に行ったのだが、内容がまったく頭に入って来ず、私はヒロイン声優の唇歯音の使い方ばかり気にしていた。放送後にだいぶ経ったあとも、妻と観に行った映画で長澤まさみさんが唇歯音を使っているか気になってしまった。

最近では、ロンブーの田村淳さんも唇歯音を多く用いることを発見した。もう何を見ていても唇歯音が気になる。こういうのも音声学者あるあるである。たぶん。

また、自分の娘を上白石さんと対抗させるつもりは毛頭ないが、当時五歳だった娘が笑顔になると唇歯音を発するのかも実験してみた。結果は、狙い通り（?）、五歳の幼稚園児でも、笑顔のときには唇歯音を発していた。上の歯が抜けた状態で発せられる唇歯音は圧倒的に可愛い。

俳優でなくても、日本人であれば、笑顔のときには唇歯音のほうが両唇音よりも発音しやすいことが（無意識的にせよ）わかっているのかもしれない。笑顔時の唇歯音がどれだけ日本人の中で浸透しているのか、しっかり研究してみなければなるまい。

マスク越しでも笑顔は伝わっていたか⁉

授業や講演会で数回試した感触では、唇歯音を使うのは特に女性では広く観察される現象のようだ。その後、放送が終わって少し落ち着いてから、とある学生が遠慮がちに報告してくれた。

「この教科書に、日本語では、特に女性が笑顔のときに両唇音を唇歯音として発音する場合があるって書いてあります……」。放送で「音声学の世界では新発見」とか言っちゃいました。はい、私の勉強不足でした。ごめんなさい。

ともあれ、私はこの唇歯音に関する発見はさまざまな重要な示唆に富んでいると感じている。まず、笑顔を大事にしたい方々は、意識して「両唇音」を「唇歯音」として発音すれば、笑顔が両唇音によって途切れることがなくなり、笑顔と発音の両立が楽になるだろう。「両唇音によって笑顔が中断されてしまう」と悩んでいる人がいたら、そんな人には「唇歯音をお使いください」と自信をもって勧められる。

また、この現象は「私たちが音を発音するとき、多少のゆれを許容するゆとりがある」

ことを物語っている。少なくとも日本語においては、口の前方を閉じるために、「両唇」を使ってもいいが、「上の歯と下唇」を使ってもいいのだ。

「厳密には違った音」であっても、「同じ音」として認識される。「声比べ」の冒頭で「び」の発音についても似たような観察を紹介した。両唇が閉じていても、完全に閉じていなくても、同じ[b]として扱われる。この特徴は、人間言語の重要な特性のひとつである。

最後に、本章のメインテーマの繰り返しになるが、この「笑顔によって引き起こされる唇歯音」も書き言葉で表現しにくいものである。日本人が唇歯音を聞いたときに、その聴覚情報だけから、笑顔を連想できるかは検証中だ。現在進行形の実験なので、いまの段階では結論づけられないのだが、プロの声優さんに「唇歯音を使った音声」と「唇歯音を使わない音声」を発音してもらい、その音声だけをもとに「話者は笑顔かどうか」を一般の日本人に判断してもらった。

すると、唇歯音が入った音声を聞くと「話者は笑顔である」と判断される確率が上がった。つまり、「唇歯音」によって「笑顔」が伝わる！　もちろんのこと、「笑顔」も書き言葉に込められない音声言語ならではの特徴と言える。コロナ禍でマスク着用が当たり前になっていた時期、もし笑顔がマスク越しに伝わっていたのだとすれば、それは唇歯音のおかげかもしれない、という考えだって可能だ。

言葉にできない気持ちさえ表現できる

書き言葉は、たしかに便利な発明である。しかし、「音声で伝えられること」と「書き言葉で伝えられること」の間に大きなギャップがあることもまた事実なのだ。

「間」の長さや話すスピード、声の高さの変化度合い、そして[b]の発音のためにどれだけしっかりと唇を閉じるか、唇歯音を通して伝える笑顔、などなど。音声表現には、これだけ豊かな情報が詰められている。しかし、書き言葉にしてしまえば、これらがすべて捨象されてしまう。よくよく考えると、恐いことなのだ。

この結論に対して、次のような反論が寄せられるかもしれない。日本語には漢字があるのだから、音では区別できなくても文字にすれば区別できる単語も少なからず存在するではないか。「機会」と「機械」、「交渉」と「口承」、「成果」と「聖歌」など、たしかにそのような例は多数存在する。

これらは日本語が昔、中国から多くの単語を借用した際に、中国語では異なっていた音を、当時の日本語で区別していなかったために生まれてしまった。たしかに、これらの例では「文字」が「音声」よりも、より多くの情報を持っていると言えるかもしれない。

しかし、これらの同音異義語は、別の言い方や追加の説明を加えることで、真の意味を伝えることができる。「機械」のことを「ものをつくる機械」とすれば誤解は避けられるし、「化学」も「ばけがく」と読むことで「科学」と明確に区別することができる。これに対して、本章の中で見てきた音声情報は「追加での説明が難しい」という特徴を持っている。

このことがもっともよくわかるのが、「食べられちゃうからね」の比較に現れていた声の高さの違いである（図1-6）。あの音声に現れている千尋の気持ちは、ひと言では表せない複雑なものであった。演じている当のご本人にも説明が難しい気持ち。次章でご登場いただくまだ正体を明かせない「ことば」のプロの言葉をお借りすると「イチゴという言葉知らねどこの赤くあまずっぱいもの子は好きになる」（俵万智『プーさんの鼻』河出書房新社、二〇一八年）——言語化される以前の複雑な感情。そんな機微を音声には含めることができる。

上白石さんは「気持ちが言葉を追い越してしまうことがあり、その延長線上に歌と踊りがある」とおっしゃっていた。言葉になる前の気持ち・言葉では足りないものを伝えることが大切なのだ、と。

この主張を私なりに解釈してみよう。言語学では、言語には「論理で表せる意味」と「論理で表しきれない意味」を区別して考えることがある。音声表現は、後者を表すために非常に大事な役割を担っていると言える。

この章で論じてきたことは、「台本」と「演技」という関係から考えても面白い。「台本」は、あくまで書き言葉である。しかし、役者さんたちは、その書き言葉だけからでは十分に表現できないことがあると知っている。

上白石さんは、収録時に、たくさんの細かなメモが書き込まれていた台本を見せてくださったが、これは書き言葉の不十分性を体現している。と同時に、音声表現の豊かさも物語っている。

対談の最後に、上白石さんは「役者や歌手の仕事は、文字を音声にすること」だとまとめていたのが印象に残っている。文字では表現しきれない心の機微を音声によって表現するのが人間であり、その表現力に特に長《た》けているからこそ、役者としてあれだけの魅力を持っているのだろう。自分が完全に中立的な立場からそれを証言できているかは自信がないが、音声学的には根拠のあることだと思う。

先述の通り、収録でお会いする前に「千と千尋の神隠し」の舞台にご招待いただいた。そのとき、全体を通して感じた印象は——当たり前と言えば当たり前なのだが——上白石さんは、声はもちろんのこと、表情や体の動き、そして、「視線」までも、すべてを使ってメッセージを伝えようとしているということ。

この感想を対談中に投げかけたところ、「舞台はつま先まで見られる状態なので、全身同じ気持ちでいたい」とおっしゃっていた。つまり音声表現は、広い意味で全身を使った身体表現の一部なのだ。音声コミュニケーションは、口だけを使ってするものではない。これもまた、本書に通底する大切なテーマのひとつとなる。

第二章　感覚をいかに言語化するか

「た……俵万智だと⁉　いやいやそんなことがあるわけがない。そうだ、きっとネット上によくあるなりすまし詐欺だ。アカウント情報をチェックしてみよう。……フォ、フォロワー数二八万人だと。しかも、つぶやきの内容がホンモノっぽい……。ご、ご本人だというのか……。ちょっと待って、何が何だかよくわかんない」
日曜日は家族との時間を大切にするためにメールのチェックはしない。メールはしないと心に決めつつも、娘たちが週末の朝の日課としてアニメを見ていると、なんかそわそわして「メールはだめだけど、Xならいいか」となんとも中途半端な言い訳を自分にしている川原繁人四二歳がそこにいた……。

控えめに言って、青天の霹靂

私は二〇一六年に『「あ」は「い」より大きい⁉――音象徴で学ぶ音声学入門』という本の原稿を執筆した。当時、書籍出版のイロハも知らなかった私は、企画会議に通ってもいないのに、原稿を書いてしまった。

一般の方々はご存じないかもしれないが――少なくとも当時の私は知らなかった――本

を出版するためには、まず、どんな本を書くのかを企画書にまとめ、それを出版社の会議で通す必要がある。その上でどう仕上げていくのかを編集者さんと相談して、二人三脚で執筆を進めていく。原稿は勝手に先に書いちゃだめ。

しかし、書いてしまったものは仕方がない。当時の私の信念として、「言語学をできるだけ広い層に知ってもらいたい」という想いが強かったから、一般書を扱う出版社への持ち込みを繰り返したのだが、ことごとく断られてしまった。

当時の私はまったくの無名研究者だったし（いまもそんな有名じゃないけど）、世間様も出版業界もいまほど言語学に対して熱さを持っていなかったから仕方がない。いやまぁ、企画会議というステップをすっとばして、原稿を勝手に書いちゃった私が悪かったのは間違いない。

兎にも角にも、ボツに続くボツ。覚えているだけでも四社。自分でつらい記憶を封印している可能性を考えると、たぶんもっと。いまだから笑い話として書けるけど、当時はボツにされるたび、結構落ち込んだ。結局、自分としては一般書のつもりで書いた原稿だったが、ひつじ書房という言語学の専門書籍を扱う出版社が、その原稿を救済し、専門書と一般書の中間的な存在として出版してくださることになった。

ところがどっこい、出版されてみると、その本がなかなか一般の方々にも好評だった。

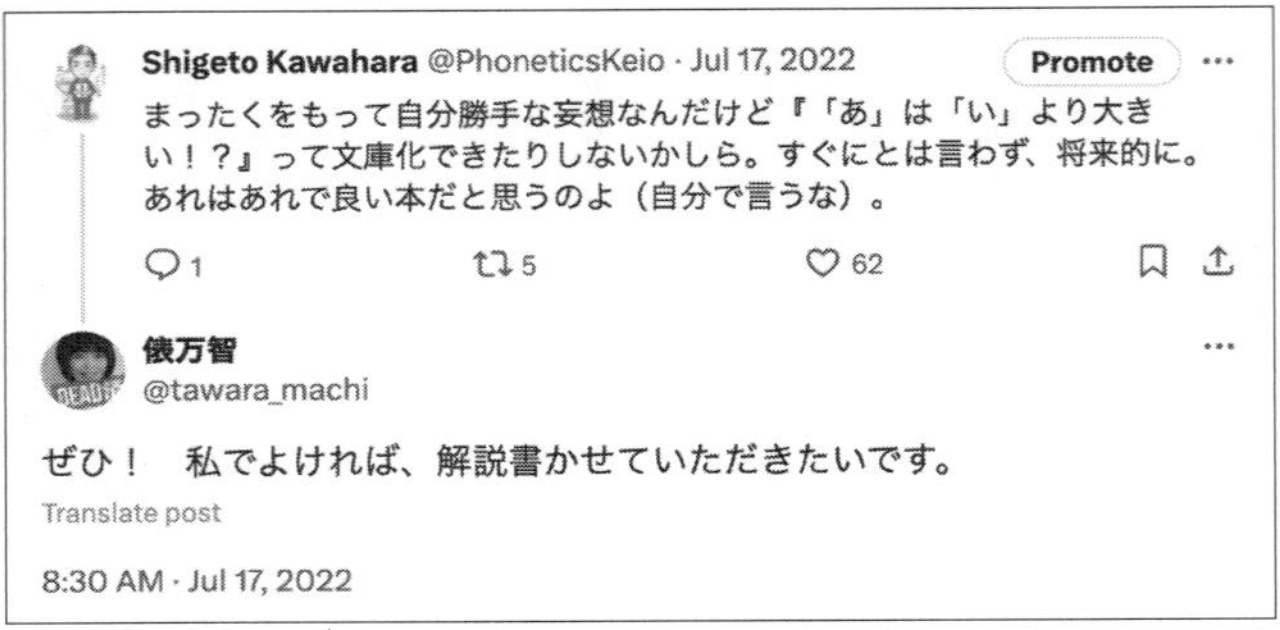
Shigeto Kawahara @PhoneticsKeio · Jul 17, 2022
Promote
まったくをもって自分勝手な妄想なんだけど『「あ」は「い」より大きい！？』って文庫化できたりしないかしら。すぐにとは言わず、将来的に。あれはあれで良い本だと思うのよ（自分で言うな）。
1
5
62
俵万智
@tawara_machi
ぜひ！　私でよければ、解説書かせていただきたいです。
Translate post
8:30 AM · Jul 17, 2022

俵さんから声をかけられた証拠画像

インタビューの依頼も何件かあったし、ラジオ番組にも何度か呼ばれ、順調に増刷を重ね、幅広い読者から応援の声が届いた。私の原稿をボツにしてくださった出版社様たちに「ほら見たことか！」などと、器の小さいことを思ったことは一度たりとして断じて決して本当にない。

というわけで、二〇二二年七月一七日の朝、娘たちに遊んでもらえず手持ち無沙汰だった私は、「件《くだん》の本をより広い方々の手に届けられないかな……」という淡い希望を持って、Xにつぶやいたのである。

「まったくをもって自分勝手な妄想なんだけど『「あ」は「い」より大きい!?』って文庫化できたりしないかしら。すぐにとは言わず、将来的に。あれはあれで良い本だと思うのよ（自分で言うな）。」

すると、すぐさま「俵万智」と名乗る人物から「ぜひ！　私でよければ、解説書かせていただきたいです。」とのリプライが来たのである。これを見たときの私の反応が本章の冒頭に書いたものだ。

「そんなことある？」……俵万智と言えば、おそらく出会いは高校の教科書だったはず。いや、あれは「出会い」とは言わない。一方的に名前をお見かけしただけだ。ローマ皇帝の「マルクス・アウレリウス・アントニヌス」にだって「出会って」はいないわけだから、そういう意味では俵万智さんにも出会ってはいない。そんな教科書で一方的にお名前をお見かけしている希代の歌人、俵万智さんに突如声をかけられ、しかも、解説執筆のオファーまで‼

「っていうか、俵さん、あの本読んでくださったの⁉　っていうか、私のXアカウントを俵万智がフォローしているの⁉　何それ意味がわかんない⁉」

あまりのパニックで、Xの仕組みをよく理解していなかった私は、俵万智さんと公開でリプライのやり取りを始めてしまった。ほどなくして、俵さんからDMが来た――「先生、このままだと公開ラブレター合戦になっています。私のメールアドレスは×××です。是非、以降のメッセージはこちらを使ってください」。

「どこかの編集者さんの目にとまったらラッキー」くらいの気持ちでつぶやいたものに、とんでもない大物が反応してくれた。町内会の歌自慢コンテストにエントリーしたら、紅白歌合戦への出場招待が届いた、みたいな。

歌人と音声学者のお付き合い

こうして俵さんとのお付き合いが始まった。至極光栄なことに、俵さんも私と会ってお話がしたい、と思ってくださっていたようで、とんとん拍子で話は進み、その年の一〇月には対談が実現した。

アプローチする角度は違えど、俵さんも私も「言語への愛」が人生の中心テーマにあるわけで、話は尽きなかった。俵さんは『ちいさな言葉』(岩波現代文庫、二〇一三年)というエッセイの中で、子育てのあれこれや、子どもの言語習得について語っている。私も、愛する娘たちがどのように音声を獲得していくかについて書籍を出版したばかりだった。

加えて、俵さんは息子さんが日本語ラップ好きだということもあり、私が考えていた「日本の伝統的な詩歌と日本語ラップの共通性」について、じっくり耳を傾けてくれた。一見似ても似つかぬようなふたつの芸術ジャンルだが、言語学的な観点からは結構な共通性があるのだ。あとで詳述するが、耳を傾けてくれただけでなく、ばっちりと具体例まで提示してくれた。

対談の数ヶ月後、次のとんでもない爆弾が投下された。とある編集者さんから「先生、朝日新聞の朝刊をチェックしてください!!」とのメールが。朝日新聞を定期購読していない私は、朝から着の身着のまま、サンダルでコンビニにダッシュ。そこでは俵さんの視点から前述のやり取りが書かれたエッセイが載っており、そのエッセイは以下のように締めくくられていた。

「短歌も、そもそもは耳から聞くものだったことを思い出す。現代は、もっぱら目で読むものになってしまっているのは、もったいない。思いきり韻を踏んだ短歌を、作ってみたくなった」(朝日新聞、二〇二二年一一月九日朝刊)

そう、前章で「書き言葉」と「音声表現」について長々と語らせてもらったが、この点について私が思いを巡らせるようになったきっかけのひとつは俵さんとの交流なのだ。主に書かれた形で流通するようになった短歌と、耳で聞くラップのはざまで俵さんが感じたことを、私は言語学的に咀嚼《そしゃく》して考えるようになった。前章で上白石さんと繰り広げたトス&アタックの背後には、このような俵さんとの交流があったのだ。

のちに、俵さんは「NIKKEI RAP LIVE VOICE 2023」というラップバトル大会の審査員をお務めになるほど、日本語ラップとの関わりを深めていく。もしかしたら、私とのやり取りも少しは影響していたかと思うと、ちょっぴり誇らしい。

さて、このような交流を通して、歌人である俵さんが音声学という学問に興味を持った理由が理解できるようになってきた。特に、俵さんにとっては「自分が感覚として何となく感じていた音の響き」というものが音声学によって、より明確に示されたことを気に入ってくれたらしい。

では、俵さんのおっしゃる「何となく感じていた音の響き」とは具体的にはどういうものだろうか？　また、日本を代表する現代短歌のひとつである「サラダ記念日」には意外な制作秘話があり、じつはそこにも音声学的な仕組みが隠れていた。本章では、これらをじっくり解説しながら、音声学の諸概念に入門していただこうとちゃっかり思っている。

そうそう、『「あ」は「い」より大きい⁉』ですが、俵さんのエッセイが朝日新聞に掲載されたとたん、在庫が一気になくなり緊急増刷となりました。そして、二〇二四年には無事に大和書房より文庫版が出版されました。Xでのお約束通り、俵さんの解説付きで。メデタシ、メデタシ。

「サラダ記念日」誕生秘話

「この味がいいね」と君が言ったから七月六日はサラダ記念日

（俵万智『サラダ記念日』河出書房新社、一九八七年）

日本で最も有名な現代短歌のひとつと言っても過言ではない短歌の誕生に音声学的な感覚が関わっていた、とご本人から聞いたときの喜びはいまも忘れない。っていうか、俵さん自身も前述のエッセイで「川原先生の目の輝きが半端なかった」と書いていらっしゃる。

そりゃ、輝きます。自分が研究している原理の数々は、机上の空論などではなく、多くの日本人の心を動かす作品の背後にあったのだ。音声学は音声学者たちのものだけではなく、もっともっと多くの人たちに関わることなのだ。それを俵さんが証言してくださったような気がした。

この「サラダ記念日」創作のきっかけになった体験は、俵さんが恋人につくった「唐揚げ弁当」だったらしい。その恋人に喜んでもらったときの気持ちがこの短歌の主題である。しかし、この想いを表現するキーワードとして、「唐揚げ」はイマイチだと考え、「サラダ」が思い浮かんだらしい。では、サラダが美味《おい》しい季節——俵さんは「野菜が元気な季節」と表現していた——はいつだろうか。「六月」か「七月」であろう。

「唐揚げ」と「サラダ」は、「どちらの単語のほうが表現したい気持ちをより正確に表しているか」という観点から後者のほうが合っていたという。しかし、「六月」か「七月」の選択は、そういった観点からは決定打に欠ける。だから逆に、選択が難しい。しかし、

「サラダ」と「七月」だと語頭の音が「さ行」で揃っており、音の響きの面で気持ちがいい。加えて、「さ行音」は「爽快感」をもたらす、と俵さんは感じていた。その爽快な「さ行音」が繰り返されることで、さらなる聞き心地のよさが生まれる。「伝えたい気持ちを表す単語を使うこと」はもちろん重要なのだが、「使われる単語の響き」も重要なのだ。

また、俵さんがおっしゃっていたことの中で特に興味深かったのは、「音の響き」が大事だからといって、それはあくまで補助的な基準であって、第一に優先すべきは、「伝えたい気持ちを表す単語を選ぶこと」だということ。まず、伝えたいメッセージが伝わることが肝要で、その上で「選択の猶予」がある場合、「音の響き」が単語選択の基準として使える。

もちろん、この塩梅《あんばい》は、創作者によって——そして、もしかしたら、作品によって——異なるのだと思うし、どちらが優れているという話でもないだろう。ともあれ、俵さんという歌人が、どのような言語学的な基準を用いて短歌に使う単語を選んでいるのか、というお話を聞いて、言語学者として目を輝かせたとして、誰がそれを責められよう。

短歌にひそむ韻の数々

「サラダ」と「七月」のように、主に語頭で似たような子音や母音を繰り返すことを

「頭韻《とういん》」と呼ぶ。俵さんは時々、「韻踏みマニアですか?」というほど頭韻を踏んだ短歌をおつくりになられる。

「さ行」に関して言えば、次の短歌はもう確実に頭韻の響きを狙っていらっしゃる。

さくらさくらさくら咲き初め咲き終りなにもなかったような公園

（『サラダ記念日』）

それから最近の作品では、こんな歌がある。

むっちゃ夢中とことん得意どこまでも努力できればプロフェッショナル

（『アボカドの種』角川文化振興財団、二〇二三年）

まず「**む**っ**ち**ゃ**む**ちゅう」の部分で、「む」が繰り返されつつ、「ちゃ」と「ちゅ」が頭韻を踏んでいる。そこから「**とことん**」の「と」、「**とくい**」の「と」、そして「**ど**こまでも」の「ど」と「**どりょく**」の「ど」、さらに「**できれば**」の「で」はすべて音声学的に似た音なので、五つの音が頭韻の鎖でつながっている。うーん、素敵。

そして、「頭韻」と言えば、このエピソードを語らずにはいられない。俵さんと対談した次の日、私は俵さんと、俵さんの息子さんを勤務先の慶應義塾大学にてお出迎えした。日本のヒップホップ文化を築きあげた偉人のひとりZeebraさんが講演をすることになっていたからである。

開催者権限をフルに活用して、おふたりを最前列の関係者席にご招待した。講演中、Zeebraさんは「Original Rhyme Animal」という楽曲の中の「突き刺さるぜ　その錆びた心に」の部分に、「さ行」の頭韻を入れていることを語っていた。まさか、二日連続、同じ言語学的表現方法についての話を聞くとは思わなかった。しかも、歌人とラッパーという一見するとまったく異分野の創作者の方々から。「サラダ記念日」と「Original Rhyme Animal」の間にこんな共通性があったなんて！

こんな経験を通して、「短歌もラップも言語を使った芸術としての共通性を持つのだ」という私の信念は強まっていった。

せっかくなので、俵さんの短歌の中で、頭韻が仕込んである（と私が感じた）他の例をもう少し見ていくことにしよう。

コーヒーのかくまで香る食卓に愛だけがある人生なんて

寄せ返す波のしぐさの優しさにいつ言われてもいいさようなら

一山で百円也のトマトたちつまらなそうに並ぶ店先

（いずれも『サラダ記念日』）

最初の短歌では「か行」が繰り返されている。「**コ**ーヒーの**か**くまで**か**おるしょ**く**たく」の部分だけで、音声学者としてはご褒美である。

ふたつ目はどうだろう。「**よせ**かえ**す**」「**し**ぐ**さ**」「や**さしさ**」は「さ行」を多く含んでいて、ここに繰り返しの心地よさを感じる。そして、この「さ行」頭韻は、最後の締めである「**さ**ようなら」に着地していく。また、「**い**つ」「**い**われても」「**いい**」はすべて「い」で始まり、頭韻を踏んでいる。さらに音声学的には「い」と「や行」は似た音であるから、「い」の繰り返しは句頭の「**よ**せかえす」及び「**や**さしさ」にもつながる。

これはご本人に確認したわけではないから、音声学者の深読みかもしれない……。しかし、もし、読者のみなさまがふたつ目の短歌に「音の響きの心地よさ」を感じたのなら、そこにはこのような音声学的な理由が潜んでいるかもしれない。

最後の短歌では、「な行」と「ま行」が繰り返し現れる。これもいい。次章でじっくり説明するが、「な行」も「ま行」も、「鼻音《びおん》」と呼ばれる子音――つまり鼻から空気が流れる子音――が含まれるという点で共通した性質を持っている。俵さんに失礼かもしれないが、鼻をつまみながら最後の短歌を読んでみてほしい(俵さん、すみません……)。鼻に違和感を覚える瞬間が繰り返されるはずだ。

このような例を見ていくと、やはり「音声学的に似た音の繰り返し」というのは、短歌の味わいのひとつとなっているのだろう。

「あじ」の「じ」が気に入っていない

「サラダ記念日」に話を戻そう。俵さんは、あの短歌に関して「あじ」の「じ」が気に入っていない、とおっしゃっていた。せっかく「さ行」の繰り返しで爽快感を演出したのに、そこに「じ」が入ってくるのがどうもしっくり来ないとのこと。うんうん、なるほど、濁音である「じ」が嫌なのですね。

ただし、単純に濁音が短歌にそぐわないのか、と言えばそうではない。次のような短歌も紹介してくれた。

義実家《ギジッカ》という語を友が口にするたびにビリリと揺れる夏空

（『未来のサイズ』角川文化振興財団、二〇二〇年）

「ぎじっか」「ご」「たび」「ビリリ」「なつぞら」に含まれる濁音の繰り返しによって、緊張感が表現されているように思える。つまり、「さ行」に爽快感が伴うのと同じように、濁音にもそれ固有のイメージがつきまとっているのではないか。

ちなみに、唐突に思えるかもしれないが――心配しなくても、あとでちゃんと伏線として回収します。あれ？　自分で「伏線」とか言っちゃった――人気ボーカルグループのゴスペラーズの「Fly me to the disco ball」という楽曲でも濁音が繰り返される箇所がある。

ジャンプ for the moon 弾んでく
跳躍で重力を振り切る
空中で move ふわっと浮遊
バックフリップしよう to the disco ball

「ジャンプ」「はずんでく」「じゅうりょく」「ムーブ」「バックフリップ」「ディスコボー

ル」という濁音の連鎖が現れるのだが、この曲にはネガティブさがまったく感じられない。印象論で恐縮だが、ゴスペラーズの爽やかな歌声によって、「ネガティブさ」ではなく「軽快な力強さ」が表現されている気がする。

ともあれ、この曲にもじつに多くの頭韻が仕込まれていて、俵さんの短歌や Zeebra さんのラップに共通するものがある。興味がある人は、ぜひ聴いてみてほしい。

音そのものに意味はあるのか

はい、少なくとも、俵さんは「さ行＝爽快」「濁音＝不快・力強さ」というイメージを創作の中に取り入れていらっしゃる。

そんな俵さんだから、私の『「あ」は「い」より大きい!?』を楽しんでくださったのだろう。あの本はまさに、「音そのものが喚起するイメージ」がメインテーマだったからである。

このように、音そのものが意味を喚起する現象を、現代では「音象徴《おんしょうちょう》」と呼ぶ。いったん、俵さんを離れて、言語学的な視点から、この音象徴の問題について考えてみよう。

「音そのものに意味はあるのだろうか」。これは言語の中核に関わる問題で、古今東西、多くの哲学者・思想家によって議論されてきた。つまり、それだけ人々の興味をそそる奥深い問題なのだろう。

まずは立ち止まって、自分で考えてみてほしい。「あ」という音そのものは意味を持つのだろうか？　それとも「あ」は、たとえば「い」とくっついて「あい（愛）」という単語になってはじめて、意味を持つのだろうか？

この問題をほぼ二五〇〇年前に論じた人がいる――ソクラテスである。プラトンによる『クラテュロス』という対話編が存在し、読みものとしても非常に面白い。これだけ昔に書かれたものだというのに、未だに色あせない魅力を持っている。

この著作では、ふたりの人物が「ものの名前の決まり方」について議論をする。ヘルモゲネスという人物は「ものの名前は、人々の約束によって社会的な慣習として決まったものである」と主張する。一方で、クラテュロスという人物は「ものには性質があって、その性質を表現する音が名前に使われている」という主張を展開する。クラテュロスの主張の前提には、「音そのものに意味がある」という音象徴的な考え方がある。

このふたりの議論にソクラテスが加わるのだが、ソクラテスはどちらかというとクラテュロス側の意見に共感しているように読める。それぞれの音には、それに付随するイメージがあって、少なくとも一部の単語では、その意味を表すために、その音が使われる、とする。たとえば、ソクラテスは、[a]は「大きさ」、[i]は「細やかさ」、[o]は「丸さ」を表すとし、さらに[s]の音は「強い息を伴って発音されるので風を表す」としている。

……あれ？　ソクラテスと俵さんの感覚に共通項が見えないだろうか。ソクラテスは「[s]＝風」と言い、俵さんは「爽快感」と言っているが、「風」は多くの場合「爽快」だ。私は早朝の散歩を日課にしているが、川沿いを歩いているときの風には本当に癒やされる。ともあれ、古代ギリシャの哲学者と現代日本の歌人が似たような感覚について語っている。控えめに言っても、これには興奮を覚える。

ソクラテスはそう言うけれど……

では、この論争だが「クラテュロス・ソクラテス側の勝利！」ということなのだろうか。いや、話はそんなに簡単ではない。もし、音それぞれに意味があって、単語をつくる際に、その単語の意味を表すのに最適な音が選ばれているとしよう。だとすると、「言語が違えば単語も異なる」という、ごくごく当たり前の観察が説明できない。

あの赤くて甘酸っぱい果物を、日本語では「りんご」、英語では「apple [æpl]」、フランス語では「pomme [pɔm]」と呼ぶ。単語の意味から音が一義的に決まるのであれば、こんなことは起こるはずもない。よって、ものの名前は「社会的な約束事」として決まっている、と考えるのにも一理ある。

このヘルモゲネスの考えをさらに明確にしたのが、フェルディナン・ド・ソシュールという現代言語学に多大な影響を及ぼした言語学者である。彼は生前に自ら本を出版することなく亡くなってしまった。しかし、彼の講義があまりに重要だと感じた弟子たちによって、死後、彼の講義ノートなどをもとに『一般言語学講義』という本が二〇世紀の初頭に出版された。現代言語学は、この本によって始まった、と考える研究者も少なくない。

同書の中で、ソシュールは「言語とは何か」という問題を考え抜き、言語の大原則のひとつとして「音と意味のつながりの恣意性」を打ち出した。いわく、「音」と「意味」に体系的なつながりはないよ。いわく、どんな意味を表すのに、どんな音を使ってもいいよ。だから、言語が変わると単語も変わるんだよ。

ソシュールの思想は、非常に影響力が強く、「音そのものが意味を持つ」という音象徴的な考えは、影を潜めていった。言語学者が「音象徴の研究をしています」なんて言ったら、「ソシュール読んでないの？　恣意性の原理も理解してないの？」と鼻で笑われそうな時代がたしかにあったのだ。それもつい最近まで。

私自身もソシュールの影響が強かったのか、大学院生時代には音象徴の研究をほとんどしていない。かなり規模の大きな言語学科に所属していたが、そもそも音象徴に興味を持っている先生も学生もいなかった。そんな中で、「人間が使う音は、どのように発音されるのか」について、とことん勉強・研究していた。
しかし、音が発せられる仕組みを知れば知るほど、その仕組みから湧き出る意味があるのではないか、という感触を得るようになってきたのだ。

「さ行」＝「多くの空気が流れる」＝「風」＝「爽快」

たとえば、「さ行」の子音だが、この音を発音するときには、口から非常に多くの空気が流れる。現代音声学では、それぞれの音を発音するときに、具体的にどれだけの量の空気が流れるかを厳密に測定することまで可能になった。だから、「さ行」＝「多量の空気の流れ」＝「風」＝「爽快感」という音象徴的な連想には、音声学的な根拠があることを私は感じ始めていた。

ソクラテスが感覚として論じていたものには、じつは生理学的・科学的な基盤があるのだ。そんな思いが膨れ上がってきて、大学院卒業直後から、音象徴研究を本格的に始めることになった。

そして、音象徴研究には、「ボーナス特典」とでも言える大きな利点があった。先ほど述べた通り、私の音象徴研究の背後には、「音がどのように発音されるか」という観点がある。そこから湧き出る意味を研究しているわけだ。これが当時私の持っていた、新米教師としての、ある苦悩とリンクした。

「入門の授業で音声学の諸概念を教えようとしても、学生の興味をつかめない」という苦悩。それが、音声学を教えるときに音象徴を題材とすると、学生たちが（そんなに）つまらなそうな顔をしない、ということに気がつくまでさほど時間はかからなかった。

音象徴研究では、身近な名前を分析対象にできる。つまり、学生たちが自分事として音声学を理解しやすい。「音象徴を通して言語学の魅力を伝える」という試みの先駆者は私であるという自負があるが、実際に現在でも「卒論で音象徴を研究したい」という学生は少なくない。

というわけで、ここからは、身近な名前に潜んだ音象徴を題材にした音声学入門を読者のみなさまに体験してもらおうと思う。

プリキュアの名前はなぜ両唇音が多いのか

突然ですが、問題です。

次の中から両唇音でない音を選べ。

[m]、[b]、[t]、[p]、[ɸ]

はい、つまらないですね。いかにも「暗記しろよ、テストに出すからな」的な感じがする。上白石さんの唇歯音に興味を持っている方々を除いて、この問題は面白くない可能性が高い。そして、「音声学＝暗記」と思われてしまったら、その時点で興味を失ってしまうのも無理のないことだ。この打開策として私がたどり着いたのが「プリキュア」である。ここで俵さんに再度ご登場いただこう。

最後とは知らぬ最後が過ぎてゆくその連続と思う子育て

（『未来のサイズ』）

私が娘たちとプリキュアごっこをさせてもらったのはいつが最後だっただろうか。本当に気づかぬうちに最後が過ぎてしまった……。そう考えると少し――どころか、かなり――さみしい。考えるだけでしんみりしてしまうが、仕方がない。音声学の魅力を伝えるために、再びあの日のことを語ろうと思う。

当時、上の娘はプリキュアで人生を学んでいた。下の娘はハイハイの練習にいそしんでいた。私はそんな彼女たちの隣でプリキュアを学んでいた。「変身シーン見ると、ときどき涙が出そうになるんだけど、これってなんで？　私も変身して悪をやっつけたいのかな……」。ふと隣にいる妻を見たら、妻もうるうるしていた。共感してくれるお父さん・お母さんからの声、夫婦でお待ちしています。

はてさて、その日のテーマは「フレッシュプリキュア！」だった。そして、その日の遊びはたたかいごっこではなく、紙風船を使ったバレーボールだった。長女は「フレッシュプリキュア！」の主人公「ピーチ」になり、妻は「パイン」、私は「ベリー」、妹は「パッション」になった。

そして主人公兼監督の長女は、「とーちゃん」「かーちゃん」といった普段の呼び名を許さない。私は監督の指示に従って、「いくわよ、パイン」「そっちよ、ピーチ」「パッションはそこで、ハイハイを続けて」とプリキュアバレーボール大会に参加していた。しかし、プリキュアたちの名前を連呼していたら、気がついてしまったのである。

「ぜ、全員、両唇音だと……⁉」

はい、ここで読者のみなさん、あの日の私を見習って「フレッシュプリキュア！」の名前を連呼してください。三回行くよー。せーの、「ピーチ」「パイン」「ベリー」「パッション」。もう一回、「ピーチ」「パイン」「ベリー」「パッション」。最後は名前の始まりの音を意識してー、「ピーチ」「パイン」「ベリー」「パッション」。

気がついたでしょうか、全員の名前が「両唇《りょうくちびる》」を閉じる音で始まります。つまり、「両唇音《りょうしんおん》」です。

というわけで、気になったら調べずにいられないのが川原繁人。プリキュアバレーボール大会は一時中断、娘の所有していた研究資料《プリキュアずかん》を拝借して、他のプリキュアシリーズの名前を調べてみた。すると、目にとまったのが「魔法つかいプリキュア!!」。

主人公の名前は「マジカル」「ミラクル」「フェリーチェ」。こちらも、みんなで発音するよー。せーの、「マジカル」「ミラクル」「フェリーチェ」。「マジカル」「ミラクル」「フェリーチェ」。

「マジカル」と「ミラクル」は、語頭での両唇の閉じが感じられやすいと思う。そして三人目は特に私のお気に入り。彼女を演じている声優の早見沙織さんも素敵だけど、何より「フェリーチェ」という名前がたまらない。この何とも独特な名前。語頭が「フェ」ですよ。両唇摩擦音ですよ。両唇が閉じるわけではないが、両唇が狭まって摩擦が起こる音。つまり、これら七人のプリキュア全員の名前において、最初の音が「両唇音」なのだ。

ここまで来たら、もうプリキュアシリーズ全員の名前を分析するしかないでしょう。すると、ほぼ半数の名前が両唇音で始まっていた。「プリキュア＝両唇音」というつながりが傾向として成り立ちそうだ。しかし、これだけでは、まだ何も結論づけられない。

というのも、日本人がつける名前は両唇音で始まる確率が、そもそも半数近いのかもしれない。または、カタカナ語の名前が両唇音で始まる確率が高いのかもしれない。ようは「プリキュアの名前は両唇音で始まる確率が高い」という仮説を検証するためには、プリキュアの名前と比較するための対象群が必要なのだ。

というわけで、「一般的に人気の女の子の名前」や、カタカナ語の名前で溢れる「ウルトラマンの名前」「エヴァンゲリオンの使徒の名前」などと比較した。すると、それらの名前の両唇音率は、せいぜい一五％程度だった。

こういう研究をすると、「また川原はチャラいネタで研究して……」とか突っ込まれそうな気がしたので、統計分析もガチでおこなった。詳細は省くが、プリキュアの名前における両唇音の出現率の高さは、偶然得られたものではなさそうだ。

両唇音は可愛らしさを喚起する？

その後、学生の協力もあって、じつにいろいろなジャンルの名前を調べたが、やっぱりプリキュア名の両唇音率は突出して高かった。ただし、プリキュアと何となく似たような性質を持っていると思われる「サンリオ」や、ＮＨＫの幼児番組「おかあさんといっしょ」のキャラクターも、プリキュアに近い両唇音率を示していた（図２―１）。

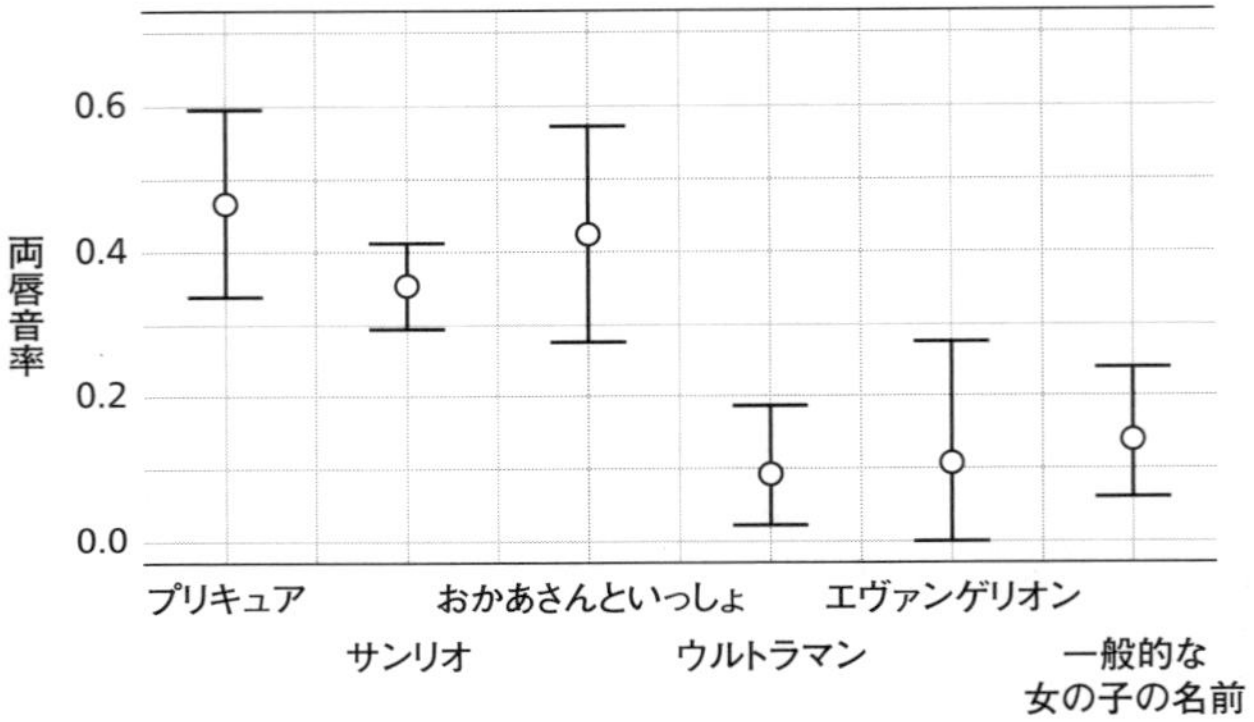

図2–1：さまざまなジャンルにおける名前が両唇音で始まる確率。ひげは統計的に推定されたばらつきの範囲

前者では「ポムポムプリン」「ポチャッコ」「マイメロディ」、後者では「ぴっころ」「ブンブン」「ムテ吉」などが両唇音で始まる名前の具体例である。

もちろん、ソシュールが明言した通り、意味と音とのつながりは絶対的なものではありえない。だから、両唇音で始まらない名前のプリキュアも存在する。ただし、プリキュアの両唇音率は他のジャンルに比べて統計的に高い。

なぜ「プリキュア＝両唇音」というつながりが観察されるのだろうか？　答えは、別の研究にあった。どうやら、日本人は「両唇音＝可愛い」と感じるらしい。プリキュアの魅力は可愛らしさだけではないが、プリキュアの可愛さを否定するのもおかしいだろうし、そんな可愛いプリキュアに可愛い名前をつけても損はあるまい。こう考えると、なぜ「サンリオ」や「おかあさんといっしょ」のキャラも両唇音で始まる確率が高いのかが納得できる。これらのキャラクターは「可愛い」のだ。

つまり、「両唇音＝可愛い」という音象徴的なつながりがプリキュアの名づけに影響している可能性が浮上してきたのだ。もちろん、「プリキュアの名前に両唇音が多い」という観察と「『両唇音＝可愛い』という音象徴的効果が、その原因である」という因果関係は別次元の話で、後者を実証するのは難しい。

しかし、私は後者は間違っていてもいいとさえ感じている。なぜならば、ここまで読んでくださった読者のみなさまがそうであるように、この議論を通して、「両唇音」という概念が知らず知らずのうちに身についてしまうからだ。

とはいえ、せっかくなので、もうひとつの「なぜ」についても考えてみよう。なぜ、両唇音は可愛らしさを喚起するのだろうか？　こちらも推論であって実証は不可能なのだが、原因は「赤ちゃんの喃語《なんご》」にあると思っている。個人差はあるが、生後六ヶ月頃になると、赤ちゃんはいろいろな音を出す練習を始め、これを「喃語」という。そして、喃語を観察すると、両唇を使った音——つまり、両唇音——に溢れているのだ。

赤ちゃんにとって、もっとも大切な仕事は、「寝ること」そして「飲むこと」である（あとは「出すこと」かな)。だとすれば、「飲む」ために必要な口輪筋という筋肉が発達し、赤ちゃんはその筋肉を使う両唇音が発音しやすい。これはいかにも生物学的に理にかなっている。

プリキュアごっこのエピソードをもとに、「両唇音」「喃語」「口輪筋」など、これだけ音声学について語れることがあるのだ。「両唇音をすべて暗記しよう(させよう)」などと思わなくても、両唇音という概念を知っておくと見えてくる風景がある。

ちなみに、この「口のどの部分を使って発音するか」に着目した子音の捉え方を、音声学では「調音点」と呼ぶ。調音点という概念を学ぶのに、プリキュアは鉄板ネタである。「他にはどんな調音点があるの?」と思ってくれれば、こちらの思うつぼである。これについては、次章で体系的に説明するのでお楽しみに!

「もこむく」ってどういう意味?

それでは次の問題に移ろう。

[m]の調音法を答えなさい。

……はい、この問題もやっぱりつまらない(と私は思う)。こんな問題を学生に強《し》いても、やはり音声学が暗記科目に堕《だ》してしまう(気がする)。では、次のような問題はどうだろうか。

表2-1に、多くの言語における「母親」を示す単語を提示する。共通項を探しなさい。

表2–1：さまざまな言語における「母親」を示す単語

英語：	mother
ドイツ語：	Mutter
アイルランド語：	máthair
イタリア語：	madre
スロベニア語：	mati
チェコ語：	matka
ベトナム語：	mẹ
マルタ語：	omm

答えはわりと簡単だろう。[m]である。そう、多くの言語において、[m]は母親を示す単語に使われる傾向にある。なぜだろう？　前述の「赤ちゃんが飲む」状況を改めて考えてみよう。

赤ちゃんの特技として、「鼻で呼吸しながら飲める」というものがある。大人はこれができないから、飲みものを一気飲みしたあとに「ぷはーーーーー」と息を吐き出すわけだ。しかし、赤ちゃんは飲みながら鼻呼吸ができるから、長時間吸い続けることができる。「ぷはーーーーーー」もいらない。

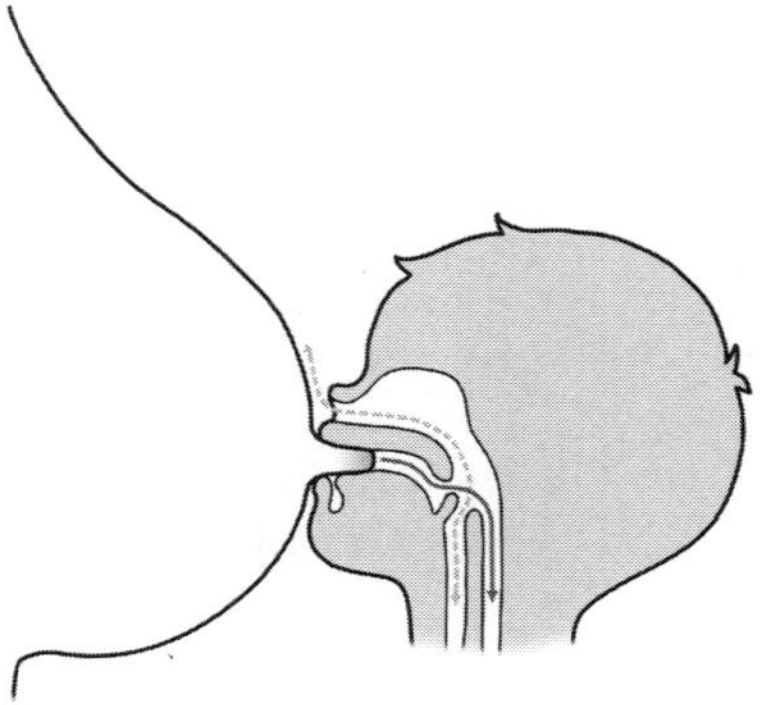

図2–2：哺乳時には両唇が閉じ、鼻から息が流れる

そんな栄養補給中の赤ちゃんの両唇は塞がっている。そして鼻呼吸をすれば、当然、鼻から息が流れる（図2－2）。この状態で発せられる音は[m]なのだ。両唇が閉じ、鼻から空気が流れれば、そのように発音される音は[m]。よって哺乳状況を考えれば、「[m]＝母親」というつながりも理にかなっている（もちろん、私は粉ミルクを否定しているわけでも、父親がミルクをあげることを否定しているわけでもない。実際に私だって、娘たちに粉ミルクをあげていた）。

このように「（口や鼻から）空気がどう流れるか」を「調音法」と呼び、これもまた、次章のキーワードのひとつとなる。

赤ちゃんが[m]を発することが多い、というのは哺乳状況を考えれば納得だ。しかも、これもまた俵さんの作品につながるのだから、本当に面白いと思う。

昨日すこし今日もう少しみどりごはもこむくもこむく前へ進めり

（『プーさんの鼻』）

「もこむくもこむく」というのは、俵さんが赤ちゃんの動きを表すために考え出した造語だが、なんとも「我が意を得たり！」という感じだ。俵さんいわく、赤ちゃんの「丸い感じ」と「不器用な動き」を表現したいと思ってつくった言葉とのこと。[m]を多く発する赤ちゃんの動きを「もこむく」で表現したことには音声学的に納得がいく。

加えて、「丸い」感じに関しても、理にかなっている。ぜひ「もこむく」を大袈裟にゆっくりと発音してもらいたい。唇に注意を向けながら。お気づきだろうか？　唇が常に丸まっているだろう。

次章でじっくり説明するが、この造語に含まれている母音（[o]と[u]）はどちらも「唇が丸まる」母音なのだ。そして、このような唇が丸まる母音や両唇音は「丸さ」を喚起しやすい。ソクラテスだって、[o]＝「丸い」と言っているのだ。[m]に加えて、母音の使い方にも音象徴的な仕掛けがなされているのかもしれない。

濁点を取ると迫力がなくなる

濁音についてもお話ししておこう。爽やかな「サラダ記念日」にはそぐわない「あじ」の「じ」。俵さんがおっしゃっているように、濁音は「なんだかネガティブな感覚」がするし、同時に「力強さ」も感じさせることがある。

濁音の音象徴的な意味は、日本語研究者の間で、古くから指摘されていた。たとえば、オノマトペ（擬音語・擬態語）を眺めてみると、「しとしと」降っている雨には風情を感じるが「じとじと」降っている雨は、なんだか嫌だ。「ぽっちゃり」という表現には可愛らしさを感じるが、「ぼっちゃり」とすると急にイメージが悪くなる。

また、「カニは喰ってもガニ喰うな」ということわざがある。「ガニ」とはカニの鰓《えら》のこと、つまり「カニの食べられない部分」を指す。同様に、「トリは喰っても、ドリ喰うな」ということわざもある。「ドリ」は鳥の肺、やっぱり食べられない。手や気持ちが「震えて」、「ぶれて」しまうと、その結果はあまりよろしくない。どうも濁点そのものに「ネガティブ」な意味があるような気がしてくる。

この濁音の音象徴的な意味は、いろいろなジャンルの名づけにも顔を出していて、たとえば、「ウルトラマン怪獣の名前」に頻出する。娘たちとおもちゃ屋さんにいくと、ウルトラマンで育った我々世代の大人買いを狙ってか、懐かしい怪獣の人形たちが迎えてくれる。「バルタン星人」「ダダ」「ベムラー」「ガヴァドン」。まさにウルトラマン怪獣の名前には濁点が溢れている。

これらの名前から濁点を剝奪してしまうと急に迫力がなくなる。「ハルタン」「タタ」「ヘムラー」「カファトン」。ガンダムのモビルスーツの名前も同様である。「ガンダム」「ザク」「グフ」「ズゴック」。これらの名前から濁点を剝奪する作業は読者のみなさまそれぞれにお任せしよう。

ただし、濁音の音象徴的な意味が「ネガティブさ」だけかというと、そうでもない。「大きさ」や「力強さ」などを喚起することもある。「コロコロ」転がっている石と「ゴロゴロ」転がっている石では、後者のほうが大きい。「トントン」叩いている音と「ドンドン」叩いている音では、後者のほうが叩き方が強い。

「ガンダム」だって、正義の味方であって、「ガ」や「ダ」に込められた想いは「ネガティブさ」というよりも「力強さ」であろう。やっぱり「カンタム」よりも「ガンダム」に敵から守ってもらいたいもの。逆に「コシラ」に東京を襲撃されても何とかなる気がするけど、やっぱり「ゴジラ」に襲撃されたら恐いもの。

図2–3：実際には存在しないポケモンのイラスト（絵師さんはtotoまめさん）

「ポケモン言語学」からわかること

このような濁音の音象徴を語る上で、避けて通れないのが私の提唱した「ポケモン言語学」だろう。

前述の通り、学生に音声学の概念を楽しく教えるため、私はこのような音象徴のネタをふんだんに抱えている。そこで、首都大学東京（当時）の集中講義で、先のような現象を紹介したところ、「ポケモンでも似たようなパターンが成り立つかもしれません」と手を挙げてくれた大学院生がいた。

どういうことか。ここで簡単な実験をしてみよう。ゲームやアニメのポケモンを知っている人は、いったんそこに登場するキャラクターのことは忘れてほしい。公式のイラストは著作権の関係上掲載できないのだが、イメージしやすいように、「オリジナルポケモン」という絵師さんが描いた実在しないポケモンを例示として使わせてもらおう（図2–3）。

さて、あなたの目の前に「小さなポケモン」と「大きなポケモン」がいる。ひとつの名前は「グラードン」、もうひとつは「ピィ」だとする。どっちがどっちだろうか？

私は長年、このクイズを多くの人に投げかけてきたが、みなさん笑ってしまうほど、答えは明確だ。「グラードン」のほうが大きいポケモンの名前として相応《ふさわ》しく、「ピィ」が小さいポケモンの名前として相応しい。反対の感覚を持っている人に出会ったことがない。中には「当たり前でしょ」と笑う方までいらっしゃる。

しかし、これはヘルモゲネスやソシュールの言語観からすると、まったくもって当たり前でなく、むしろ、ありえないことなのだ。名前が純粋に「社会的な慣習」で決まっているのであれば、見たこともないポケモンの名前を選べるはずがない。しかし、我々は選べてしまうのである。笑ってしまうくらい簡単に、はっきりと。ちなみに、年長さんの下の娘に同じ実験をしてみたが、ばっちり正答をたたき出した。

とある講義のあと、学生がラーメンズというお笑いコンビの「名は体を表す」というコントを紹介してくれた。そう、まさにこのコントでも同じことがおこなわれている。「マシュマロ」と「せんべい」という名前を知らない人に、「ふわっふわでコロコロの白いやつ」と「ばりばりで平べったい茶色いやつ」の名前を選ばせたら、きっと正解するだろう。「シフォンケーキ」と「ガトーショコラ」でも同じことが言えそうだ——どちらが

表2–2:「進化前」と「進化後」のポケモンの名前のペア

進化前		進化後	進化前		進化後
トサキント	→	アズマオウ	チョボマキ	→	アギルダー
イワーク	→	ハガネール	アブリー	→	アブリボン
メッソン	→	ジメレオン	カブルモ	→	シュバルゴ
エリキテル	→	エレザード	カモネギ	→	ネギガナイト
オタマロ	→	ガマガル	ガントル	→	ギガイアス
カムカメ	→	カジリガメ	コイキング	→	ギャラドス

ふわふわしていて、どちらが身が詰まっていそうだろうか。

ちなみに、このコントでは「マシュマロとナショナルは響きが近いのに、意味が全然違う」というソシュール的な発言も発せられる。言語学教育に非常に役立つコントだなぁ、と勝手に感心してしまった。

進化すると濁点が増える

さて、ポケモンの話を進めよう。ここでポケモンに関する前提知識を紹介する。一部のポケモンは進化して別の個体となり、進化すると名前が変わる。前述の学生――いまでは一人前の研究者になっている――が指摘してくれたのは、「ポケモンが進化すると、名前に含まれる濁音の数が増える」というものだ。

実際の例を表2-2に見繕ってみた。もともと濁音が含まれない名前から、濁音入りの名前に変化したり、濁音がもともと入っていても、その数が増えたり、という傾向が見てとれる。つまり、進化後の名前に濁音がより多く含まれている。

もちろん、プリキュアの例と同様に、このようなつながりはあくまで統計的な傾向だから、「イーブイ」→「エーフィ」のような例外も存在する。このポケモン研究がネット上で話題になったときには、鬼の首を取ったように例外を指摘して我々を叩く方々が続出したが、論文にはちゃんと「統計的な傾向」と明記してあったはずだ。

ともあれ、ポケモン研究の利点として「実在するポケモンの数が多い」という点が挙げられる。つまり、統計分析が可能なのだ。実際に統計的に解析してみると、「名前に含まれる濁音の数」は、ポケモンの「進化レベル」「大きさ」「高さ」「強さ」などと相関することが判明した！

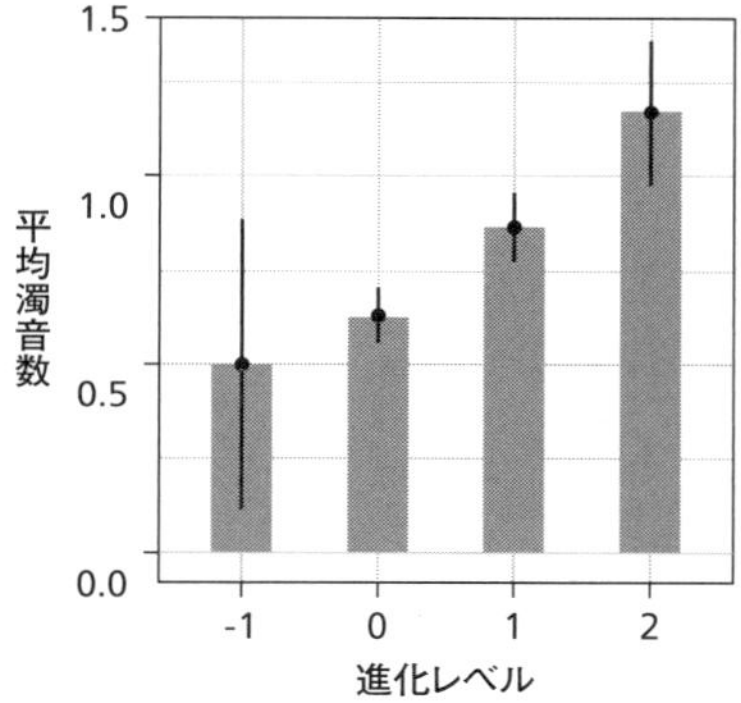

図2–4：各進化レベルのポケモン名に含まれる平均濁音数（「－1」はベビィポケモン）

この分析の一例として図2-4を見てみよう。ポケモンは最大で二回進化する。すでに存在していたポケモンの「進化前」として後付けで足された「ベビィポケモン」も存在する。それぞれの進化レベルにおいて、名前にどれだけ濁音が含まれているかを計算したものが図2-4だ。進化すればするほど、名前に含まれる濁音の数が増加する傾向にあることが見てとれる。

つまり、俵さんが短歌制作時に感じている「濁音の力強さ」という感覚は、ポケモン世界にも反映されているのかもしれない。「義実家」の屋根裏に潜むいたずら者のポケモンが二種類いたとする。それが「キシッカ」と「ギジッカ」だとしたら、やはり、後者のほうが進化後と感じそうだ。

まだ解明されていない濁音の謎

では、なぜ「濁音」=「ネガティブ・大きい・強い」といったつながりが観察されるのか。これについては、正直に申し上げて、「濁音=大きい」というつながりしか、私は音声学的には理解できていない。ともあれ、明確に理解できているところから説明すると、簡単に言うと「濁音を発声するときに、我々の口の中は文字通り大きくなっている」のだ。

例として、「ば」で実感してみよう。「ば」の子音部分である[b]を発音するためには両唇が閉じる(両唇音だったね!)。そして濁音とはどういう音かというと、次章で詳しく説明するが、「声帯振動が続く音」なのだ。

声帯振動を続けるためには、肺から空気を口の中に流し続けなければならない。そして、

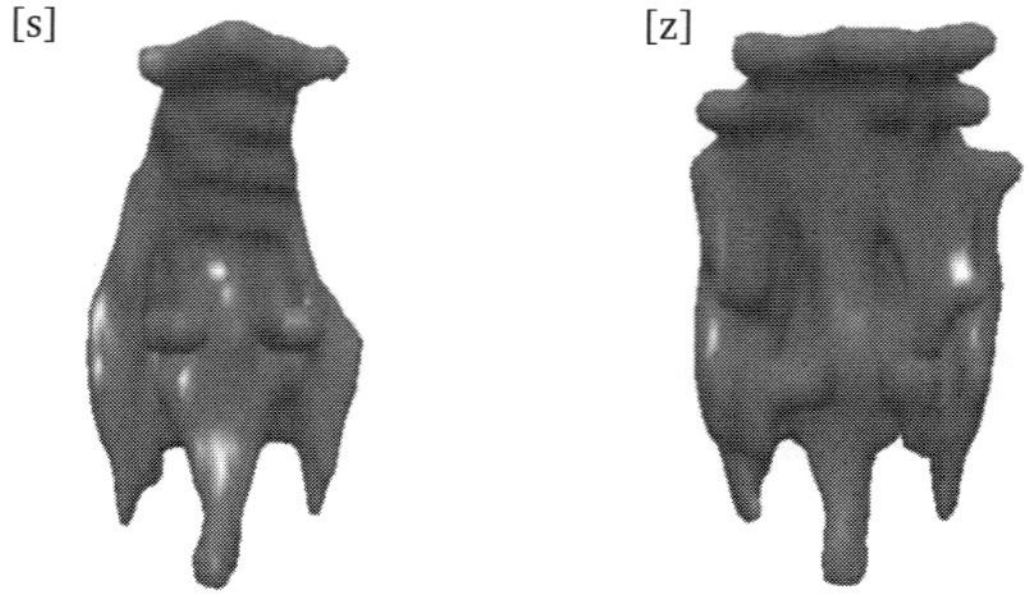

図2–5：MRIで計測した[s]と[z]発音時の口腔後部のイラスト

唇などによって閉じた空間に空気が流れ込めば、その空間は膨張する。これは物理現象である。風船の中に息を吹き込めば、その風船が膨らむのと同じことである。

この「濁音＝発音時に口の中が広がる」という現象だが、私の過去の経験上、ピンとくる人とそうでない人にはっきり分かれる。後者タイプの読者のために、手っ取り早くこれを実感してもらうために、図2‐5に英語話者が[s]（清音）と、[z]（濁音）を発音したときの口の奥部分を撮影したイメージ図を示してみた。濁音のときに口の中が広がっているのがよくわかるだろう。つまり、「濁音＝大きい」という連想もまた、音声学的には理にかなっている。

では、濁音の他の意味は、どのように発生したのだろうか。私がなんとなく考えているところでは、自然界において「大きい」ものは、たいてい「強い」。よって「濁音」＝「口の広がり」＝「大きい」から、「濁音」＝「強い」というつながりが二次的に生まれたのかもしれない。

この仮説は、そこまでこじつけ感はない。しかし、「濁音」＝「ネガティブ」は難しい。この点に関しては、素直に「なんでだか本当のところはわかりません」と認めるのが正しい態度である気がしている今日この頃である。


本章では、私と俵万智さんとの交流をとっかかりに「音から何となく感じるイメージ」について解説してきた。これらのイメージは「何となく」ではなく、しっかりとした「音声学的な基盤」が存在する場合が多い、と私は信じている。

よって、この「何となく」を紐解いていくことで、知らず知らずのうちに「音声学」という素晴らしき世界にみなさまは招待されてしまったわけだ。私も招待したからにはちゃんと責任を持って、さらに音声学の魅力を紹介したいと思う。というわけで、次章では、音声学の基礎概念について、もう少し詳しく解説していくことにしよう。

第三章　音への解像度を上げる

あれ？　登録されてない番号から電話がかかってきた……。誰だろう？

「もしもし、Zeebraです」

日本を代表するラッパーZeebraさんから電話がかかってきた……。私はもともとラップの韻を言語学的な観点から分析しており（詳細は次章参照）、Zeebraさんと対談したこともある。

テレビ朝日の人気ラップバトル番組「フリースタイルダンジョン」にゲスト審査員として出演したこともある。韻にこだわった審査をして、ネット上の一部の方々から叩かれたこともある。「川原の審査、他のラッパーの審査と結構一致しているし、こいつなかなかやるんじゃゃね？」的に、私の審査を審査されたこともある。「意味不明のインテリ野郎が出てくるんじゃねぇ」的な罵声を浴びせられ、エゴサの恐さをこれ以上ない形で痛感させてもらったこともある。

しかし、そんな甘酸っぱい（？）体験が次なるご縁につながっていったのだ……。

憧れのラッパーから直々の依頼

さて、この電話がかかってきたのは、第一章でも触れた『フリースタイル言語学』を出版してわりとすぐのことだった。電話の内容は、「WREP」というヒップホップ専門ラジオ局への出演オファーで、Zeebraさんと Mummy-D さんがMCを務める「第三研究室」という番組への出演に興味がないか、とのこと。いやまぁ、興味があるもないも、Zeebraさんから直接お電話をいただいた時点で、「断る」という選択肢はあまり残っていないのだけれど。

普段はレジェンドラッパーの御両名が他のラッパーの曲を研究する方式なのだが、今回は、役割をひっくり返して、私が御両名の韻を研究したものを披露してよいとのこと。ありがたいことに、私のラップ分析も紹介している『フリースタイル言語学』の販促企画としてぴったりである。

じつはZeebraさんとお会いしたのは、けっこう前の話で、ときは二〇一七年にさかのぼる。Zeebraさんが慶應義塾大学で丸々一学期ゲスト講義を担当してくださったので、私もそれに参加した。さらには、Zeebraさんを招待した先生の粋な計らいで、その特別授業の締めとして対談までさせてもらった。しかし、Mummy-D さんとは、まだお会いしたことはなかった。が、間違いなく憧れのラッパーのひとりである。

ラジオ収録当日、緊張しながら局のエレベーターに乗り込むと、そこにはDさんらしき人がいた。マスクをしていたものの、マスクだけでは隠せないオーラを放っていた気がする。普段は人見知りの川原繁人だが、「こういうときに人見知っていると人生損をする」という教訓を学んでいる程度には人生経験を積んでいた。

そこでおそるおそるDさん（らしき人）に「もしかして、Dさんですか？」とこちらから声をかけると、「おーー、川原先生、『フリースタイル言語学』面白かったよ。三日で一気読みしちゃった。言語学って面白いねー」と破顔一笑、気さくにお話ししてくださった。

収録中はもちろん、その前後も、じっくりおしゃべりを堪能した私は、すっかりDさんの人柄に惚れ込んでしまった。「また話そうねー」という社交辞令だったかもしれない言葉を実直に解釈して、とあるYouTubeチャンネルで対談したり、慶應の授業でゲスト講義をお願いしたり、とまぁ、なんとも贅沢なお付き合いをさせてもらっている。これらの対談の内容はこのあと、かいつまんで紹介していくが、詳細は『日本語の秘密』（講談社現代新書、二〇二四年）に収録されているので、ご興味がある方は是非！

このような機会に恵まれて、Dさんのラップ制作に対する姿勢を言語学者の視点から理解するようになっていた。ちょうどその時期は、俵万智さんとの関わりも深まっていて、前章で論じたことをじっくり自分の中で咀嚼していた頃でもある。

まさかの鼎談が実現した

さて、Dさんとの話が尽きない私は、当時執筆中だった『言語学的ラップの世界』（東京書籍、二〇二三年）の内容をさらに充実させるため、日本語ラップの歴史に関してのインタビューをお願いした。

インタビューをするための部屋に向かう途中、エレベーターの中で、ふとDさんに「俵さんとDさんって、言語学者の目からすると似たような信念を持っているように感じるんですよねー」とお伝えしたところ、Dさんが笑顔でひとこと。

「俵さん、会ってみたいわー。三人で話してみよーよ？」

……希代の歌人俵万智とレジェンドラッパーMummy-D、それに川原繁人。どうも自分の立ち位置に不安を感じないわけではない。しかし、それとなく打診してみたところ、俵さんも日本語ラップに興味が出てきたこともあり、乗り気っぽい。せっかく「ことば」の達人ふたりが興味を持ってくださっているのであれば、やろうではないか。

これまた偶然というか運命というか、その年度、私は所属する研究所でイベントを主催する役回りであった。「じゃ、慶應のオフィシャルイベントとして公開鼎談《ていだん》やっちゃいます？」。

こうして、私は「ことば」のプロたちが日本語とどのように向き合っているのか、そして言語学というレンズを通すと何が見えてくるのか、これ以上ない贅沢な形で学ぶこととなったのである。

慶應義塾大学言語文化研究所主催のイベント「ことばを楽しむことばで楽しむ―言語芸術の地平―」にて

せっかくの機会だから、鼎談イベントには友人でもある高井正智アナウンサーも招待した。鼎談が終わり、フロアからの質問を受け付けると、真っ先に手を挙げてくれたので、私は彼を壇上に招待した。

彼がマイクを握ったとたん、「友人の高井」が「NHKの高井アナウンサー」としてのオーラをまとったのを目撃した。その場に居合わせた妻も「会場が少しどよめいた」と証言しているので、あのとき発せられたオーラは本物だったのだろう。

伝統的な歌人とレジェンドラッパー、そしてNHKアナウンサー、言語学という学問を通して、こんな人たちをつなぎあわせた自分には、それなりの誇らしさをいまでも感じている。

歌人とラッパーの共通点

では、私が感じ始めていた、ラッパーのDさんと歌人俵さんの共通点とは何であったのか。ひとつ目は、頭韻。前章でさんざん論じたし、Zeebraさんも同じ手法を使っていることはすでに報告済みだ。しかし、Dさんも頭韻の達人である。

数ある日本語ラップの中でも、私が言語学的に最高と感じている歌詞が「けっとばせ　けっとばした　歌詞で　ゲットマネー」というもの（DJ HASEBE feat. Zeebra & Mummy-D「Mastermind」）。まず、「けっとばせ」「かし」「ゲットマネー」の語頭が、「け」「か」「げ」と似たような音が並べられている。さらに「と」「た」「と」という「た行」の繰り返しも素敵ではないか。

この歌詞と俵さんの短歌「むっちゃ夢中とことん得意どこまでも努力できればプロフェッショナル」に同じ技法が潜んでいると考えても、そうおかしなことではないだろう。

ふたつ目の共通点。前章で「サラダ記念日」の誕生秘話に関連して、「意味が伝わることがまず大事」、そして「音の響き」も大事だけれども、それによって意味の伝達を犠牲にすることはしない、という俵さんの意見を紹介した。Dさんがまったく同じことを証言していらっしゃったのだ。

Mummy-Dさんと言えば、他の偉人たちとともに、「日本語ラップ」という技法を確立してきた人である。いまではすっかり日本語でラップすることが当たり前になったが、日本にラップが輸入された一九八〇年代初頭、それはまったく当たり前なことでなかった。「日本語はラップに向いていない言語だ」という意見が聞かれた時代がけっこう長く続いたのだ。

ラップという歌唱法は、一九七三年八月一一日にアメリカで生まれたという——そう、ラップって正式な誕生日があるの。この英語で生まれた歌唱法を日本語で表現しようという試みは割とすぐに始まったのだが、どうしても日本語では「やさしく」聞こえてしまう、という問題が生じたらしい。

というのも、日本語では、基本的に「子音」と「母音」がセットで使われる。母音が多い日本語は、よく言えば「たおやか」なのだが、どうしてもラップの表現に必要な「迫力」が出ない……。ということで、Dさんは「とある子音」の響きを操って、なんとか日本語でラップらしさを表現しようと模索していたらしい。Dさんがラップらしさを表現するために用いた具体的な手法に関しては、本章の後半で説明する。

ともあれ、子音の中でも濁音は特に「迫力のある響き」を持つ。これは俵さんも感じている通りだし、前章で解説した音象徴的な観点からも納得である。しかし、Dさんは以下のように明言してらっしゃった――「濁音によって迫力が出るのは事実だけど、それだけのために歌詞を曲げたりはしない」。

つまり、ラップでも短歌のように「伝えるべき意味」がある。そこに「響き」が加われば、なおよいが、それによって意味が犠牲になってはならない。「響き」と「意味」のバランスを考えて、後者を優先させる――言語学者のレンズからは、おふたりがまったく同じことについて考え、同じような感性を持っているように見えた。この点が、私にとってはもっとも衝撃的であったかもしれない。

日本語でしかできない表現とは

そして何より、おふたりとも、とことん、日本語を愛してらっしゃる。英語で始まった歌唱法を日本語で再現しようとしたDさん。しかし同時に、「日本語にしかできない表現があるのではないか」といまでも模索している、とおっしゃっていた。

たとえば、日本語は、その歴史を通じて、他言語から多くの単語を借用してきた。古くは中国語から借用した「漢語」、そして明治時代以降、英語や他の西洋言語から借用してきた「外来語」。結果として、たとえば、日本語には「泊まる場所」を意味する単語として「宿」「旅館」「ホテル」という三つの表現が存在する（もちろん、ニュアンスは異なるが）。しかも、「ホテル」という単語は、「ほてる」と日本語っぽく発音してもよいし、hotelと英語っぽく発音してもよく、「ほてる」とhotelでは、また違った韻の踏み方ができる。こういった日本語の特性を生かした独自の表現方法はないだろうか、とDさんは考え続けていらっしゃる。

同時に俵さんも――もちろん、他の言語も同様に美しいという前提のもと――日本語の美しさに驚嘆し、それを味わい、そして表現していらっしゃる。「これは日本語でしかできないやろ！」という表現が見つかったら痛快だ、とおっしゃっていた。

表面的にはまったく異なる表現方法を使っているおふたりだが、言語学というレンズを通して見ると、どうも共通性があるように見えてくる。言語学というのは、そのような新たな景色を提供してくれるツールなのかもしれない。

というわけで本章では、「俵さんやDさんが使っている技法を堪能するため」という理由にかこつけて、音声学の基礎を学んでいこうと思う。おふたりだけでなく、他の「ことば」のプロたちもしっかり登場する。

本格的音声学入門を始めよう

突然だが、「国際音声学会」という国際機関があるのをご存じだろうか？　なんかどこかの秘密機関みたいな響きだが、実際にこの機関は音声学という学問分野に大きな影響力を持っている。ただし、牛耳られているわけではない——この点については、章の最後で少しだけお話しする。

ともあれ、この機関によって、世界中の言語で使われる音声すべてに記号が割り振られている（ことになっている）。いわゆる「発音記号」だが、正式には「国際音声記号」または「国際音声字母」と呼ばれる。英語では international phonetic alphabet で、ＩＰＡと略される。日本語で音声学の話をするときも、ＩＰＡと呼ぶことが多いので、私もその慣習に従おう。

ＩＰＡで音を表すときは、[b]のように、[ ]で囲むのがお約束ごとになっている。私も前章まで、しれっとその慣習に従ってきた。ＩＰＡを使うと、アルファベットで書き取れない音も記号で表すことができるので、その意味ではとても便利なツールだ。

たとえば、早見沙織さん演じるプリキュアの「フェリーチェ」という名前の最初の子音は[ɸ]で表す。英語の[f]に近いが、[f]は上の歯と下の唇を使うので、両唇を使うこの子音と少し異なり、[f]と書くわけにはいかない（ただし、上白石さんが笑顔で「フェリーチェ」と言った場合など、唇歯音の[f]が正しい表記であることもある)。「フェ」は「へ」とも違うので、[h]でもない。日本語のこの音は、「両唇が丸まって摩擦が起きる音」で、そういう音にもIPAの記号がちゃんとある。それが[ɸ]。

国際音声学会では、子音を三つの基準に従って定義することに決めている。「調音点」「調音法」「有声性」の三つで、最初の二つはすでに前章で簡単に紹介済みだが、まだ網羅的には紹介していない。というわけで、本章では、これら三つをじっくり説明していこうと思う。

①調音点＝口のどこで発音するか
②調音法＝口や鼻から空気がどのように流れているか
③有声性＝声帯が振動しているか

手始めに[b]を例にとってみよう。[b]は両唇で口が閉じられるので「両唇音」と呼ぶ(調音点)。しかも、口も鼻も閉じているので、発音時に口の中の気圧が上がる。その結果、両唇による口の閉じを開放すると破裂が起こるので、「破裂音」という名前がついている(調音法)。そして発音する間、声帯振動が続くので、「有声音」と呼ばれる(有声性)。全部まとめて「有声両唇破裂音」。[b]は専門用語では「有声両唇破裂音」なのだ。

前の段落の説明だけで慣れ親しんでいた[b]という音が、一気にいかめしくなってしまった……。「まさか、こんないかつい名前をすべての音について覚えろと言うのか？」と思った読者も多いだろう。安心してほしい。私は覚えるのも覚えさせるのも嫌いだし、音声学に暗記は不要だと思っている。

実際に、私自身がすべてのIPA記号に対して調音点・調音法・有声性を覚えているかと問われれば、自信をもって答えはNOだ。そもそも、すべてのIPA記号を覚えているわけでもない。音声学を楽しむためには、調音点・調音法・有声性を無理してまで覚える必要はない。これらのレンズを通して見えてくる風景を堪能しているうちに、自然とその考え方が身についていくのが理想だ。

だから、本章で「これ、暗記するの？　つらい……」などと感じ始めたら、遠慮なく飛ばしてもらいたい。そのほうがよい結果につながる。

なぜIPAを学ぶと視野が広がるのか

ただ、ここでIPAの便利さも、ちゃんとお伝えしておきたい。第一章の内容に戻るが、やる気のない千尋のセリフを演じるため、上白石さんは「[b]を発音するとき、両唇を完全に閉じない」という話をした。

じつは、この言い方は、音声学的には間違っている。なぜなら[b]は「両唇を閉じる」音だからだ。「両唇を閉じない[b]」というのは、「音声学を研究していない音声学者」くらいに矛盾した表現なのだ。両唇が完全に閉じないで発音される音には、ちゃんと別の記号が割り振られている――[β]だ。

だから、監督が「千尋のやる気のなさを、両唇を閉じないで表現してほしい」と思っていたとして、役者も監督もＩＰＡを覚えているならば、台本に[β]と書けば通じる。ちなみに、「さびしくなるよ　千尋」のセリフはＩＰＡで書くとこんな感じ。[saβiɕi̥kunarujo tɕi̥çiro]。初めて見る記号もあるかもしれないが、それはのちほど。

同様に、上白石さんが笑顔のときに使う唇歯音にもちゃんと記号がある。たとえば、「だいじょうぶ」の「ぶ」の子音部分を唇歯音で発音するとすれば、それは[v]だ。つまり、「笑顔は唇歯音で表現して」と監督さんが思ったのならば、[v]と書けば「唇歯音を使ってほしい」という意図が通じる。「スイッチインタビュー」の収録時――これは私の記憶がでっちあげている可能性も低くないのだが――上白石さんとＩＰＡについても語った覚えがある（放送された部分には含まれていなかったから、客観的な証拠はない）。

勉強熱心な上白石さんのことだから、もしかしたら、台本に[β]とか[v]とか書き込んであるんじゃないか、とすら思ってしまう（これは、おそらく私の妄想）。俳優すべてがIPAを学ぶべし、などとは思っていない。しかし、「IPAが演技の役に立つ」と思ってくれる俳優さんがいるのもたしかである。

ともあれ、IPAにまつわる諸概念は、暗記は必要ないものの、理解はしておくと音声表現についての解像度が高まることは間違いない。

まずは準備運動から

IPAの本格的な説明に入る前に、日本人にとって大切な準備運動がある――子音と母音の区別について、である。日本語のひらがなやカタカナは「子音＋母音」がひとつのセットになっているためか、日本人にとって「ひとつの音」＝「子音＋母音」という考え方が染みついていることが多い。

そんなだから、英語などでchristmasのように子音が続く単語を発音するときに[kurisumasu]と「余計な」母音が三つも入ってしまうわけだ。チェコ語なんかになると"vzdrógnut"（元気が出た）のように四つも子音が並ぶことがあり、日本人にとって、これらを発音するのは非常に難しい。しかし、英語やチェコ語のような言語について考えるためにも、音声学の世界では「子音」と「母音」に分けて考えることが一般的である。

これは日本語を考える上でもそう。たとえば「ま」は[m]という子音と[a]という母音で構成される、と考える（とは言うものの、「子音・母音が音の最小単位か」と問われれば、それに対して異論は大いにある。詳しくは次章で！）。

この子音と母音に分けて考えるというやり方は、最初はなじみにくいかもしれない。そんなときは、たとえば「まああああ」と「ま」の音を伸ばして発音すると、母音の「あ」が出てくる。「き」でも同じように、「きいいいい」と伸ばして発音すると、母音の「い」が出てくる。

日本語のひらがなの中で母音が隠れていない音は「ん」だけ。「んんんんん」と伸ばしても母音は出てこないでしょ？　子音は五十音表の「行」に対応していて、母音は五十音表の「段」に対応していると考えてもいいだろう。

IPAの暗記は不要です

もう一点、心構えの話。しつこいくらいの繰り返しになるが、IPAの紹介は、音声学入門への鬼門となり得る。ぶっちゃけ「いろいろ言われても覚えられん」と思われても仕方がない。だから、以下の説明では「暗記しようと思わない」という心がけが大変重要になる。

もちろん、興味とやる気がある人はガンガン暗記してほしい。そうでない人は、もとから暗記などは目標とせずに、自分でそれぞれの音を発音してみて、最初は「あ、私ってこういう風に音を出しているんだー。それぞれに名前がついているんだね」程度の認識で十分。

こういう意識を持って音に接していると、自然と調音点や調音法を覚えてしまうものだ。それに本章で出てきた考え方の多くは、次章でまた別の観点から説明することになる。だから、本章でピンとこなくても、次章で納得できるかもしれない。本章が嫌になったら次章に進んでしまっても構わないから、ここで本を閉じないでほしい。

というわけで、約束だ。無理して暗記しようとして、嫌になっちゃ嫌だぞ。さて、先に進むぞ？

口のどこで発音していますか？

では、調音点から始めよう。これは「口のどの部分を使って発音するか」を指す。まず図3-1の左に、左を向いている話者の断面を模式図で表してみた。日本語の音声を分析する上で重要な調音点は「両唇《りょうしん》」「歯茎《しけい》」「歯茎硬口蓋《しけいこうこうがい》」「硬口蓋《こうこうがい》」「軟口蓋《なんこうがい》」「声門《せいもん》」の六種類とされている。

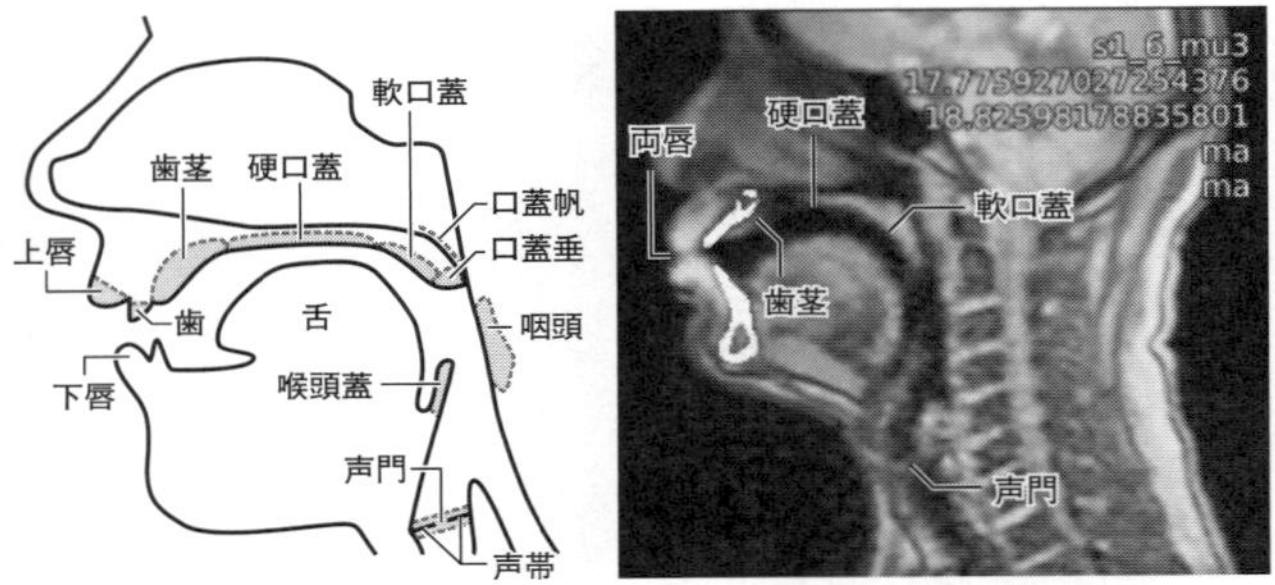

図3–1：顔の断面の模式図（左）と、MRI画像で確認する調音点（右）

図3−1の右はＭＲＩで撮影された口腔の断面図で、主な調音点のおおよその位置を記してみた。ＭＲＩは非常に鮮明に口の中を観察できるのだが、歯が映らないという欠点がある。しかし、近年、歯の位置を推定する技術が開発されたため、本書でもありがたく、その技術にあやかることにした。この図では白塗りになっている部分が歯である。

口の前から後ろのほうにかけて、それぞれの調音点を解説していこう。[b]や[p]など「両唇音」は両方の唇を使って出す音だ。プリキュアの名前によく登場する音でもあり、赤ちゃんが得意とする音でもあることは前章でじっくり解説した。上白石さんが、笑顔になると、上の歯が下唇に当たる「唇歯音」として発音する音であることも、けっこう繰り返した。

ここで一点だけ補足しておくべきだろう。日本語では、「両唇音」でも「唇歯音」でも「同じ音」として認識される。しかし、英語では、これらは「別の音」として認識されるので、注意が必要だ。英語で bet（賭け）という単語を発音しようとして、笑顔を保ちたいからといって vet と発音すると「獣医」というまったく別の単語になってしまう。音声学の発表でも、vowel（母音）を bowel と発音してしまうと、「腸」に関する発表になってしまう。

人間言語はある程度の「ゆれ」を許すのだが、「どんなゆれ」を「ゆれ」とみなすかは言語によって異なる。両唇音と唇歯音の違いは、日本語では「ゆれ」だが、英語では「ゆれ」ではない。

逆の例ももちろんあって、英語では「音の長さ」は「ゆれ」ても許される。強調するために、母音の長さを変えてもいい。Shigeto is sooooooo cool とか Phonetics is veeeeery fun みたいな。

しかし、日本語では「おばちゃん [...ba...]」と「おばあちゃん [...baa...]」のように、[a]を不用意に伸ばしてしまうと、意味が変わってしまうことがある。日本語は「ゆれ」を許しやすい（≠曖昧な）言語だ、というような誤解を避けるために、この点は明言しておきたい。

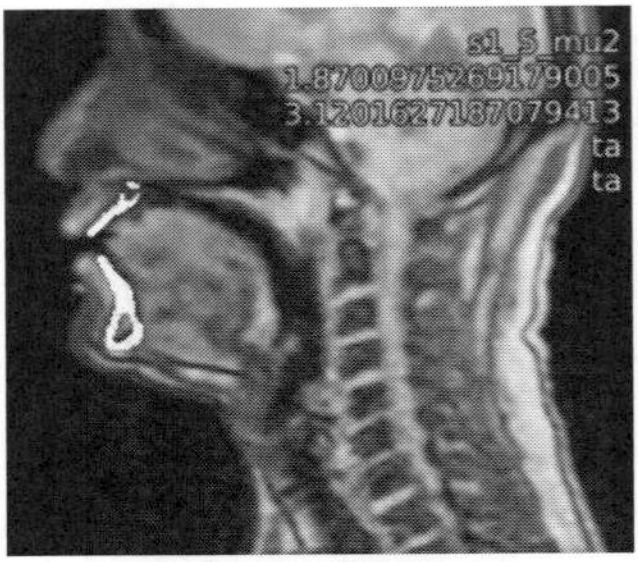

図3–2：[t] 発音時の歯茎での閉じ

いざ、口の中へ

では、調音点について話を戻して、口の中に入っていくとしよう。上の歯の根元部分を「歯茎《しけい》」と呼ぶ。これは「はぐき」と誤読しやすいので、注意しよう。漢字は同じだが、音声学では「しけい」と読み、上の歯の根元の内側部分を指す。

歯茎を感じるのには、よい方法があって、「さ」の母音部分である[a]を発音せずに、子音部分の[s]を発音する口の形をしてみる。そのまま息を吸い込むと、冷たくなる部分がある。そこが歯茎で、[s]や[t]が典型的な「歯茎音」だ。

歯茎を視覚的に理解するために、歯茎で舌先によって口の空間が閉じられた瞬間のＭＲＩ画像を図３−２に示す。自分で感じながら、かつ、客観的な画像で理解するのが、音声学理解への一番の近道かもしれない。

歯茎音に関しても、私が声のプロたちとの交流を通して学んだエピソードがある。アナウンサーたちの間で「ただなら」という、おそらく一般の方々には聞き慣れないフレーズが使われることがある。「ただならない」という形容詞とは関係がない。「ただなら」は、

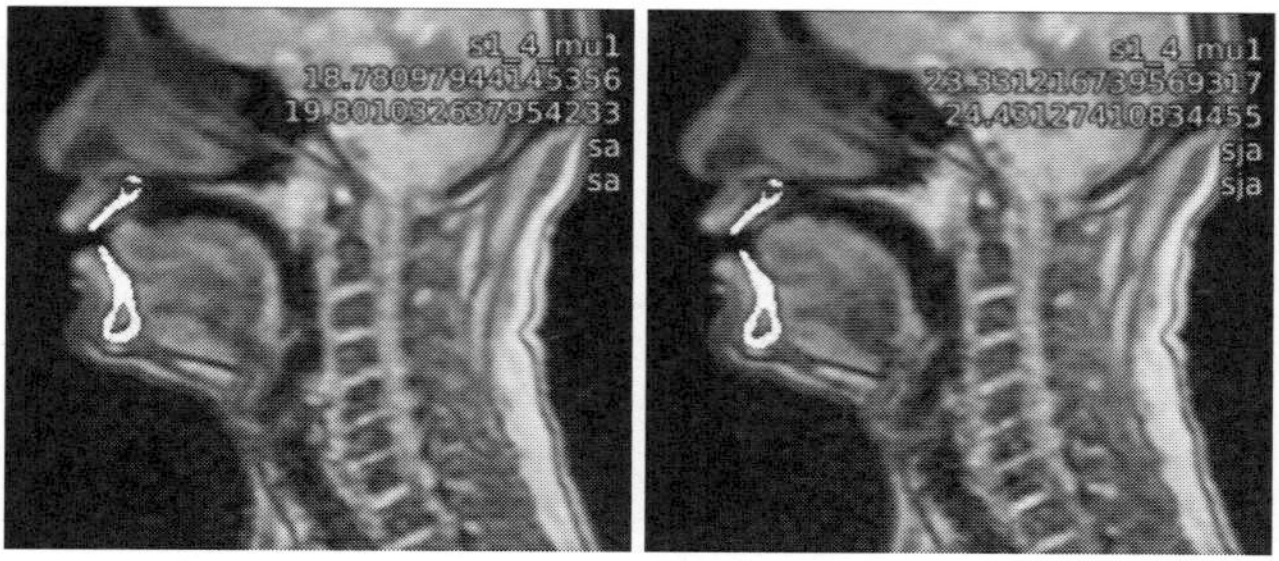

図3–3:「さ」と「しゃ」の子音部分 [s](左)と [ɕ](右)の比較

「これらの音がたくさん入った単語は嚙みやすい」という声のプロが感じている悩みを示す。

あとで具体例を用いて解説するが、人間は「似ている音」が多く入った単語で嚙みやすくなる。そして、改めて「ただなら」を調音点の観点から考えてみると、すべて「歯茎音」である。これもちゃんと自分で発音して確認してね！　ともあれ、「歯茎音を多く含んだ単語は嚙みやすいから気をつけろ」という現場の知恵が「ただなら」なのである。

さて、もう少し口の奥に入っていこう。「さ」「しゃ」「さ」「しゃ」「さ」「しゃ」と繰り返し発音してみると、「しゃ」のほうが微妙に口の奥で発音されるのがわかるだろうか。「さ」のときと同じように、「しゃ」の母音部分である[a]までいかずに、子音部分で口の形をとめて息を吸い込むと、冷たく感じられる部分が「しゃ」の調音点である。

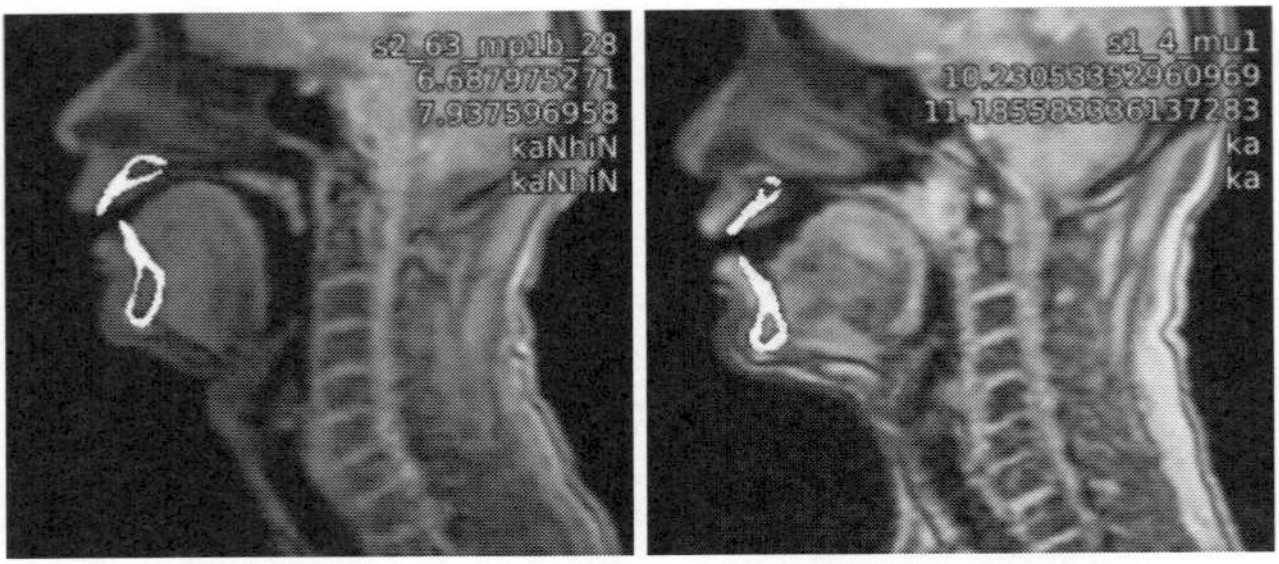

図3–4：[ç] 発音時の硬口蓋での狭め（左）と [k] 発音時の軟口蓋での閉じ（右）

この子音は「歯茎」と「硬口蓋」にわたる広めの狭めを伴って発音されるため、「歯茎硬口蓋音」と呼ばれ、記号には[ɕ]を使う。「歯茎音」である[s]と「歯茎硬口蓋音」である[ɕ]の比較を図3-3に示す。

さらに口の奥へいくと

「……っていうか、そもそも『硬口蓋』って何ですか？」という疑問に答えるために、さらに口の奥に入っていくこととしよう。自分の舌で口の天井――つまり「口蓋」――を前から後ろになぞってほしい。前のほうは硬いと思う。その部分を「硬口蓋」と呼ぶ。さらに口の奥をなぞっていくと、途中で柔らかい部分が現れるだろう。そこが「軟口蓋」だ。

日本語で使われる硬口蓋の代表的な音は、「ひ」の子音部分だ（[ç]）。「ひ」の口の形をして息を吸い込んで冷たくなる部分が「硬口蓋」（図3-4左）。軟口蓋はさら

表3–1：日本語の子音を調音点別に分類したもの

両唇	歯茎	歯茎 硬口蓋	硬口蓋	軟口蓋	声門
[p]（ぱ）	[t]（た）			[k]（か）	
[b]（ば）	[d]（だ）			[g]（が）	
[ɸ]（ふぁ）	[s]（さ）	[ɕ]（しゃ）	[ç]（ひゃ）		[h]（は）
	[z]（ざ）	[ʑ]（じゃ）			
[m]（ま）	[n]（な）			[ŋ]（鼻濁音）	
	[ɾ]（ら）				
[w]（わ）			[j]（や）		

に奥の部分で、[k]や[g]が代表的な音だ。しつこいようだけど、「く」の口の形をして、息を吸い込んでみてください。冷たくなる部分が「軟口蓋」。図3‐4右は、軟口蓋で口の空間が閉じられた様子を映したMRI画像。舌の後方が盛り上がって、閉じが起こっているのがわかるだろう。

そして、最後。日本語の発音で使われる一番奥の調音点が「声門」で、これは口のずっとずっと奥。声をつくり出す左右二枚の「声帯」の間の空間を「声門」と呼ぶ。日本語では「は行」の子音[h]が、声門で発音される。調音点に関しては、以上！

子音を調音点で分類する

日本語の代表的な子音を調音点で分類すると、表3‐1のようになる。

細かい分類法に関しては諸説あるが、表3‐1の分類で大きくは間違っていないと思う。[w]はＩＰＡの正式な分類法では、両唇と軟口蓋、両方で発音するとされているが、表3-1では見やすいように両唇においた。

表3-1を見て、いくつか見慣れない記号に面食らった人もいるかもしれない。ちょっと格好いいと思った人もいるかもしれない。ともあれ、ちゃんと解説しよう。まずは[ɸ]。これは「ふぁふぃふふぇふぉ」の子音部分、つまり「両唇摩擦音」である。

[ɾ]の記号は日本語の「ら行」の発音に使われる。たしかにアルファベットの[r]で書くほうが楽なのだが、ＩＰＡではこれは別の子音に使われる——江戸っ子言葉の「べっらんめい」の「ら」の部分のように、舌が繰り返し震える音（専門的には「震え」）を示すために[r]の記号を使う。スペイン語で使われることで有名な音だ。もっと身近な例だと椎《しい》名《な》林《りん》檎《ご》さんが歌唱時に使うことがある（「本能」などの曲がわかりやすい）。そうそう、ソクラテスが「動き」と感じた音も、この音であると思われる。

[ɕ]と[ʑ]もあまり見たことがない人が多いと思うが、先ほど少し触れた。これらは歯茎硬口蓋音で、それぞれ「しゃしゅしょ」「じゃじゅじょ」の子音部分に対応する。そして、「し」と「じ」のときにも[s]、[z]ではなく、これらの子音として発音される。[ç]は「ひ」や「ひゃひゅひょ」の子音部分。

あと、特に注意が必要なのが、[j]。これは、「じ」の子音部分ではなく「や行」の子音部分を示す記号である。「じ」は[ji]でなく[ʑi]と書く。ローマ字につられて「や行」のつもりで[y]を使うと別の音――しかも、母音――を指すことになってしまう。

最後に、[ŋ]だが、これは「鼻《び》濁音《だくおん》」のための記号。鼻濁音は、語中の「が行」の音が、鼻に抜けて発音される音である。鼻濁音になると口の中の気圧が高まらないので、破裂音ではなくなる。ピンとこない人は、NHKアナウンサーが発音する助詞の「が」をじっくり聞いてみると、鼻濁音が堪能できる。

また東北では鼻濁音がばっちり残っているため、私は義実家に帰省するときの楽しみのひとつとして、義父母の鼻濁音を堪能している。音声学者あるあるである。

噛みやすい言葉たち①

ちょっと休憩しようか。先ほど少し触れたが、人間には「噛みやすい言葉」というものが存在する。そういう言葉を逆手にとって、「早口言葉」なんていう遊びが存在するわけだ。噛みやすい言葉も複数種類があるのだが、「たくさんの調音点が入っている単語」は噛みやすい。

典型例は「バスガス爆発」である。ここから子音を抜き出してみよう。[b…s…g…s…b…k…h…ts]。はい、次に復習のため調音点を書き出してみましょう。「両唇」「歯茎」「軟口蓋」「歯茎」「両唇」「軟口蓋」「声門」「歯茎」と、さまざまな調音点が並ぶ。これはつまり「いろいろな器官を次々と使う必要がある」というわけで、噛みやすいのも、さもありなんとも思う。「右手あーげて　左手あーげて　右手さーげないで、右足あげて♪」的な旗揚げゲームに似ているかもしれない。

あまり世間には馴染みのない単語だと思うが、コロナ禍で「カシリビマブ」という単語を連呼しなければいけない私の友人——と彼の同僚たち——がいた。そう、高井正智アナウンサーである。この単語の意味（＝新型コロナウイルス中和抗体薬）はさておき、子音を抜き出してみよう。[k…ɕ…ɾ…b…m…b]。「軟口蓋」「歯茎硬口蓋」「歯茎」「両唇」「両唇」「両唇」とこれまた、さまざまな調音点が並ぶ。これもやっぱり、噛みやすいだろうなぁ、とは思う。

このように調音点という概念に親しんでいると、「あ、この単語は噛みやすいかも」と客観的に理解できるのだ。アナウンサーの仕事や朗読などに興味がある人は調音点の概念を理解しておいて損はないだろう。

空気はどう流れていますか？

調音点の次は、調音法について解説していこう。これは「空気が口の中をどのように流れるか」という観点から子音を分類する。

まずは「破裂音」から。「ぱたかばだが」の子音部分――つまり、[p]、[t]、[k]、[b]、[d]、[g]――が「破裂音」である。これらの音では、唇や舌によって口の中の空間が完全に閉じられるので「閉鎖音」と呼ぶこともある。

これらの子音を発音するときには、口が完全に閉鎖されていて、空気が鼻に逃げていくこともない。結果として、口の中に空気がたまって気圧が上がる。すると閉じが開放されるときに「破裂」が起きる(ことが多い)。このような理由から、IPAでは「破裂音」と呼ばれている。

私個人としては、「口の中が閉じる音」なのだから、素直に「閉鎖音」と呼んだほうがわかりやすいと思うのだが、国際音声機関が「破裂音」という名前を採用しているのだから、仕方ない。

細かいことを言えば、閉鎖が起こったとしても、気圧が十分に上がらない場合は破裂が起こらない。たとえば、英語のcatやcapなどの語末の音は、閉鎖は起きても破裂しないことも多い。その意味では、「閉鎖音」と「破裂音」は区別するべきとも言える。

ただし、IPAは「閉鎖音」というカテゴリー自体を認めていない。こういう音を表すときには「開放が聞こえない破裂音」という回りくどい言い方をする。なんだかIPAをディスっているように聞こえなくもないので、この辺にしておく。

ここでMummy-Dさんのお話に戻ろう。Dさんは、日本語でラップすることを試み始めた一九八〇年代、英語ラップの「打楽器的な響き」――ご本人は「パーカッシブな響き」と表現していた――を日本語で再現することに苦心したそうだ。

母音が多く現れる日本語では、どうしても英語ラップの打楽器的な響きが再現できない。そこで、解決法として用いたのが、「破裂音」なのである。破裂音の「破裂」を上手く使うことで、ラップに必要な「打楽器的な響き」を表現したという。まさに音声学的な感性を使った音楽表現の好例だと思う。そんなDさんだから、「音声学って面白いかも」って思ってくれたのだろう。

ちなみに、オノマトペを考えてみると「パン」「ポン」「バン」のように破裂音で始まる語が、文字通り「破裂」を表すことがある。このように、オノマトペは音象徴的な側面がはっきりしていることが多い。

声のプロたちも「さ行音」は苦手？

次の調音法は、俵さんが頭韻として好んで使う「摩擦音」だ。日本語では「さ行音」の[s]が典型例。それに加えて、「し」の子音部分の[ɕ]や「ふ」の子音部分である[ɸ]も摩擦音として分類される。

摩擦音では、唇や舌によって口の空間が非常に狭められる（図3－5）。このように声道が狭められると、空気の乱流が生じて摩擦が発生する。花に水をやるときにホースの口を手でつぶすと水が遠くに飛ぶが、摩擦音の発音はこの状態によく似ている。

俵さんの作品に「おみやげの讃岐うどんが社名入り封筒の中からあらわれる」（『サラダ記念日』）という短歌がある。「讃岐」は[s]、「社名」は[ç]、「封筒」は[ɸ]で始まり、いろいろな種類の摩擦音で頭韻が踏まれている。それぞれ、調音点は「歯茎」「歯茎硬口蓋」「両唇」だったね。

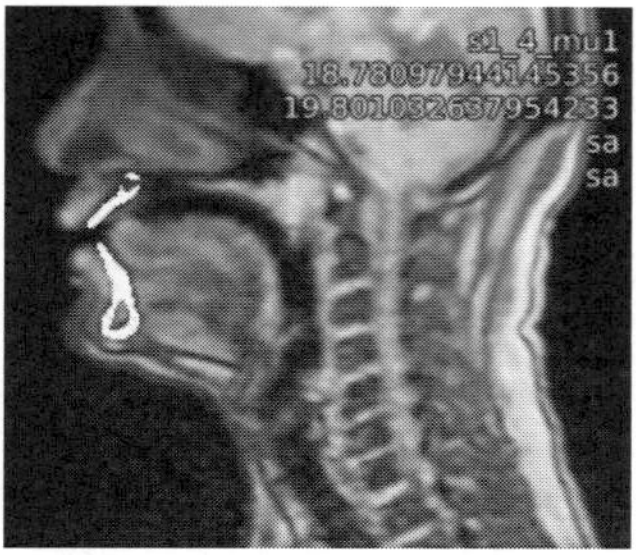

図3–5：[s] 発音時における歯茎での狭め

これは俵さんの無意識下で「摩擦音」というくくりがあり、その似た音たちの響きを使って頭韻を踏んだからでは、と深読みしたことがある。ただ俵さんは、少なくとも意識の上では「摩擦音」とは感じていないとおっしゃっていた。ただ、「似た音を繰り返す心地よさ」を表した結果、さまざまな摩擦音が繰り返された、という可能性は残っていると思う。

ちなみに、摩擦音は空気が多く流れることから「風」

や「爽やかさ」を表すことは前章で触れたが、オノマトペを見てみると「さー（っと流れる）」「すー（っと吸う）」「ふー（っと吐く）」など、摩擦音が文字通り空気の流れを表すことが少なくない。

さて、「摩擦が起きる程度に口を狭める」という動作は意外に難しい。喩えるならば、剣道での「寸止め」に近い。声のプロたちと話していると、「さ行音が苦手」という声が割とよく聞かれるのだが、これは「寸止め」が難しいことに起因しているのだと思う。

舌で完全に口を閉じるのは、そこまで正確なコントロールを必要としない。が、「摩擦が起きるようにギリギリのところで止める」という動作には正確性が求められる。自転車で川に向かって突進していって、落ちるギリギリ手前で止まるのが難しいのと同じ。よって、赤ちゃんにとっても発音が難しい音で、子どもは、摩擦音が発音できるようになるまで時間がかかることがある。娘たちが「ぞうさん」（[zoosan]）を「どーたん」（[dootan]）って発音していたときには、私も妻も大いに萌えた。

「破裂音」も「摩擦音」も空気の流れが強く阻害されるので、「阻害音」と呼ばれることがある。これらの音を改めてまとめると、「ぱたかばだがさざは」行。これらは日本語で言うと、「濁点をつけられる音」もしくは「濁音そのもの」という捉え方ができる。

そして、あとでじっくり説明するが、この濁点は「声帯が振動していること」を指す。

つまり、濁音とは「声帯が振動しつつ、空気の流れが阻害されている音」なのである。よって、音声学では「濁音」のことを「有声阻害音」と呼ぶ。

有声阻害音である「じ」は、「サラダ記念日」の爽やかな感じにそぐわないイメージを持つとともに、力強さも喚起させる。Dさんもラップで力強さを表現するときに有声阻害音を使っている、でも無理はしない、と証言していらっしゃった。

共鳴する子音たち

次の調音法にいこう。「鼻音」である。鼻音がどんな音か感じるために、鼻をつまんで「あ」「か」「さ」「た」「な」「は」「ま」「や」「ら」「わ」とひとつずつ発音してみると、「な」と「ま」の部分で発音しづらく感じられるだろう。

これは、「な」(na)や「ま」(ma)を発音するときには、口蓋帆《こうがいはん》という鼻への弁が下がり、鼻から空気が流れて、鼻の中でも音が響くから(図3-6)。ちなみに「が行」の音を鼻にかけて発音する「鼻濁音」(ŋ)も鼻音である。

風邪や花粉症などで鼻が詰まっているとき、鼻から空気が流れずに発音できなくなる。逆に口蓋帆が腫れてしまい、しっかり閉じなくなると、鼻音でないにもかかわらず、鼻から空気が流れてしまうこともある。鼻から空気を流すべきときに流れなかったり、流して

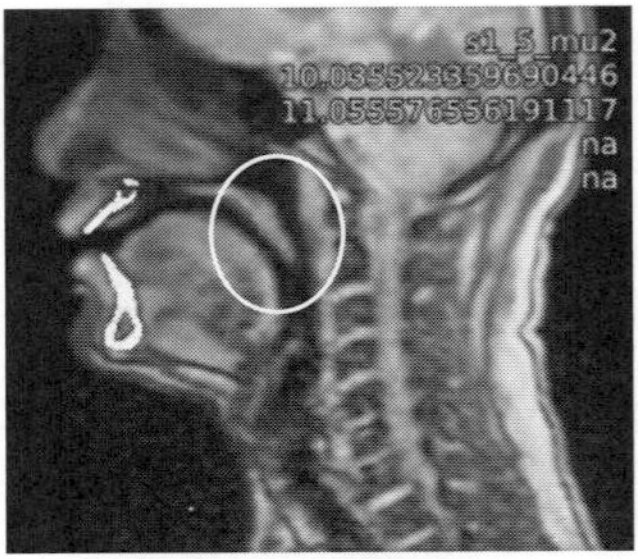

図3–6：[n] の発音時に口蓋帆が下がっている様子

はいけないときに流れてしまったりするので、風邪のときの声を「鼻声」と表現するのかもしれない。

また、加齢によって口蓋帆を重力に逆らって上げ続ける筋力が弱まってしまうと、これまた鼻声になることがある。というわけで、声優さんの中には、年寄りを演じるときに、口蓋帆を落とし気味に——つまり、全体を鼻音化気味に——発音する方もいらっしゃる。

前章で述べたように、哺乳時に鼻呼吸をしながら音を出すと、自然に鼻音になる。よって鼻音は「赤ちゃんに似合う音」と考えることも自然なことで、この感覚をもとに俵さんが「もこむく」という造語を考えたのも前述の通りである。

あと、もう少しだ、がんばろう。日本語の「ら行」の子音[ɾ]は、舌によって口の中の空間が一瞬閉じるのだが、その閉じが非常に短いため「はじき音」と呼ばれる。

メロディーを言葉で表現するときに「ラララ〜♪」と「ら行」を使うことが多いが、これにも理屈がある。「ら行」の子音は短いため、そのぶん母音がはっきり聞こえるのだ。音階は母音を通して聞こえてくるので、その意味で「ら行」はぴったりなのだ。

また、[ɾ]は非常に短く発音する子音であるため、舌を素早く動かさなければならず、苦手に感じる人もいる。この克服法に関しては……、舞台が整う次章まで焦らさせてもらいたい。すみません。

最後は「半母音」。子音の中で肺からの空気がもっともなめらかに流れる音、「わ行」の[w]や「や行」の[j]が半母音だ。正直、どうしてこの名前がついているのか私も理解していない。もうほとんど母音くらい空気が流れているけど、いちおう子音だから「半母音」という名前になったのだろうか。

ようやく調音法のゴールだ。ここまでついてきてくれてありがとう。諦めずに最後まで読んでくださった読者のみなさまに感謝申し上げる。

調音法からの分類も加えると

では、「調音点」の観点から日本語の音をまとめた表3-1に、「調音法」の観点からの分類も加えてみよう。表3-2のようになる。

だいぶまとまってきたね。さっきは「ゴール」なんて言っちゃったけど、あとひとつだけ大切な概念が残っていた……。具体的に言うと、表3-2でも[p]と[b]、[t]と[d]、[s]と[z]の区別などがまだついてない。破裂音と摩擦音——つまり阻害音——のペアをしっか

表3–2：調音点と調音法別に日本語の子音をまとめたもの

	両唇	歯茎	歯茎 硬口蓋	硬口蓋	軟口蓋	声門
破裂音	[p]	[t]			[k]	
	[b]	[d]			[g]	
摩擦音	[ɸ]	[s]	[ɕ]	[ç]		[h]
		[z]	[ʑ]			
鼻音	[m]	[n]			[ŋ]	
はじき音		[ɾ]				
半母音	[w]			[j]		

りと区別する必要がある。これらの区別のために、最後の「有声性」が鍵になってくる。

声帯は振動していますか？

では、有声性とは何か。有声性とは「声帯が振動しているか」「していないか」という区別である。

詳しい説明は第五章で繰り広げるが、声帯は喉頭に入っていて、人間は、肺からの空気を口に流す途中で、声帯を振動させることで声を出している。よって、空気がスムーズに流れる「鼻音」「はじき音」「半母音」は、基本的に「声帯が振動する有声音」である。表3-2を見返してみると、これらの音は、調音点と調音法だけで音の特徴が定まっている。なぜかと言うと、「これらの音は全部、有声だから」である。「有声性の違い」によって違う音になることがない。

ちなみに、これら「空気がスムーズに流れるために、基本的に有声音」である音のことを総称して「共鳴音」と呼ぶ。空気の流れがスムーズなだけに、共鳴がはっきりと聞こえるからだろう。逆に、空気の流れが阻害されて、声帯振動が当たり前でない「破裂音」「摩擦音」のことを「阻害音」と呼ぶのだったね。

共鳴音と違って、阻害音に関しては、「声帯が振動しているか、していないか」、つまり「有声性の違い」が重要な区別になる。有声性の違いを感じるために、喉仏に指を当てて、「あああっっっぱあああ（＝[aaapppaaa]）」と「あああっっっばあああ（＝[aaabbbaaa]）」を発音してみよう。

「あああ」の部分では声帯の振動が感じられるはず。しかし、[ppp] の部分になると声帯の振動が止まるのが感じられるだろう。それに比べて [bbb] の部分では、声帯振動が続くのが感じられると思う。

この練習でわかるように、阻害音の中でも声帯振動が続くものと、声帯振動が続かないものがある。日本語では、前者を「濁音」と呼び、後者を「清音」と呼ぶのだ。音声学では、前者を「有声音」、後者を「無声音」と呼ぶ。表3-2の阻害音の行において、上の段が無声子音、下の段が有声子音である。

噛みやすい言葉たち②

お疲れ様！　いろいろと専門用語が続いて、疲れてしまった方もいるかもしれない。できるだけ興味深いエピソードも交えつつ説明してきたつもりだが、本章の内容を難しく感じる人もいただろう。

大丈夫。この章が理解しきれなくても、次章でさらに理解が深まる仕掛けになっている。また、本章を読んだあと前章を読み返してみると、新たな景色が見えてくるだろう。そういう意味では、本章は繰り返し読んでもらえると嬉しい。

さて、先ほども、さまざまな調音点を含んでいて噛みやすい言葉を数例挙げたが、じつはもっと噛みやすい言葉たちが存在する。やっかいなのは、「音声学的に似ているけど、同じじゃない音」が並んでいる単語たち。たとえば「神アニメ」。せっかくだから、みんなで三回早口で発音してみようか。せーの、「神アニメ」「神アニメ」「神アニメ」。……噛まずに発音できたかな？　私はできなかったぞー。

この単語から子音を抜き出してみると[k…m…n…m]。おそらく鬼門は[m…n…m]。同じ調音法の「鼻音」が並んでいるけど、「調音点」が違う。もうひとつ例を。「エムバペ」。こっちも、みんなで三回発音しよう！　せーの、「エムバペ」「エムバペ」「エムバペ」。どうだったかな？　私は噛んだぞー……。子音を抜き出すと[…m…b…p]。これらはすべて調音点は「両唇」だけど、「調音法」と「有声性」が違う。

「噛みやすい名前」と言えば「きゃりーぱみゅぱみゅ」が頭に浮かぶ人もいるだろう。やっぱり噛みやすいのは後半部分。「みゅ」というのは、[m]の子音に「硬口蓋」での狭めが加わった音で[mj]と表す。つまり、「ぱみゅぱみゅ」の部分は、[p...mj...p...mj]で、同じ「両唇音」でありながら「硬口蓋」での狭めが「ない」「ある」「ない」「ある」と繰り返すわけだ。このスイッチのオンオフが難しいのだろう。その意味では、「東京特許許可局」([t...kj...t...kj...kj...k...kj...k])も同罪(?)だ。

ためしに「きゃりーぱむぱむ」とすると、すべて「ない」になって、一気に発音が楽にならないだろうか。「きゃりーぴゃむぴゃむ」(「ある」「ない」「ある」「ない」)も「きゃりーぱみゅぱみゅ」(「ない」「ある」「ない」「ある」)と同じくらい難しい？「ぴゃみゅぴゃみゅ」(すべて「ある」)は「ぱむぱむ」(すべて「ない」)よりは難しいかもしれないが、「ぴゃむぴゃむ」や「ぱみゅぱみゅ」よりはマシな気がする。

自分で書いていてこんがらがってきたが、「似ているけど違う音の連続」が噛みやすいというのは間違いないだろう。

相撲取りの名前である「若隆景(わかたかかげ)」も好例である。まず子音を抜き出そう。[w...k...t...k...k...g]。調音点は「両唇」「軟口蓋」「歯茎」「軟口蓋」「軟口蓋」「軟口蓋」でたくさんの種類が入っている。しかも、[k…t…k…k]という部分は、すべて「無声破裂音」でありながら、[t]だけ「調音点」が異なる。

そして、後半の[k…k…g]は「軟口蓋破裂音」が続きながら、最後だけ「有声性」が異なる。つまり、「似ているけど違う音」がコンボで襲いかかってくる。噛まずに相撲の実況を続けていらっしゃるアナウンサーさんたちに尊敬の念が湧いてくる。

似た音を噛むのは自然なこと

「アナウンサーたるもの噛んではならぬ！」と思っている方もいらっしゃるかもしれないが、「似た音の連続は噛みやすい」というのは音声学的な事実だ。そもそも似た音を近くに含む単語そのものを禁止する言語も存在するほどなのだ。

アラビア語が特に有名だが、このような禁則事項を持った言語は世界中の至る所で発見されている。具体的には、英語・ロシア語・ジャワ語・ケチュア語（南米）・ムナ語（インドネシア）・ムバカ語（アフリカ）などで、似た音を近くに置くことを避ける傾向が報告されている。それほどまでに、「似た音が続く単語」は、人間にとって発音が難しいのだろう。

でも、日本語のアナウンサーたちは「（アラビア語のように）そういう単語の発音を拒否します」などと言ってられない。では、どうすればいいか？　ここで言語学の洞察が役に立つ（かもしれない）。

アラビア語では、似ている音を含んだ単語は許されないが、複数の単語をくっつけたときに、似た音が並ぶのは許される。よって似た音の間に単語の境界が入っていればいいわけだ。だから、「わかたかかげ」も、「わか」と「たか」と「かげ」それぞれの間に「心の中で」単語の区切りを入れてしまえば言いやすくなるかもしれない。

また、「似た音が嫌であること」を利用して、「かげ」の「げ」を鼻濁音にしてみたらどうだろう？　[k…g] は両方とも、「軟口蓋破裂音」だが、[g]を鼻音[ŋ]にしてしまえば、[k]と[ŋ]の共通性は、「軟口蓋」だけに減少する。

果たして、これらの方略によって、アナウンサーたちが「わかたかかげ」を言いやすくなったかはわからない。ただ、ＮＨＫアナウンス室で講義をしたときに、これを伝えたら、お礼の言葉が返ってきたことだけは明記しておこう。

母音を忘れていませんか？

さて、子音についてはじっくり語り尽くしたと思う。次に、母音について紹介していこう。ただし、母音は子音ほどややこしくはないのでご安心を。

前章で紹介したソクラテスだが、子音の意味だけでなく、母音の意味についても考察を残している。たとえば、「あ＝大きい」「い＝細やかな」「お＝丸い」といった具合だ。じつは、このソクラテスの考察、「母音の発音の仕方」という観点からも非常に理にかなっている。

これを感じるために、まず「あ」「い」「あ」「い」「あ」「い」と大袈裟に発音してみよう。「あ」では顎と舌が大きく下がり、口が広く開く。逆に、「い」では顎と舌が上がり、口が狭くなる。同様に、「あ」「う」「あ」「う」「あ」「う」と発音してもらうと感じられると思うが、「う」も「い」と同様に舌が上がり、口が狭くなる。

次に、「あ」「え」「い」を繰り返し発音すると、「え」の舌は「あ」と「い」の中間あたりにあるだろう。「あ」「お」「う」と繰り返して発音してみると、「お」は「あ」と「う」の中間に位置するだろう。よって、母音を区別するひとつの特徴は「舌の高さ」と考えることができる。

舌の高さの観点からまとめると、

「い」「う」＝「高」
「え」「お」＝「中」
「あ」＝「低」

となる。舌の位置が高い母音を「高母音」、中くらいの母音を「中母音」、低い母音を「低母音」という。また、「舌の高さ」は「口の開き度合い」と反比例するので、どちらの尺度を使っても通じる。後者の捉え方だと、

「い」「う」＝「狭」
「え」「お」＝「半狭」
「あ」　＝「広」

となる。ＩＰＡは慣習として「口の開き度合い」を使う。この尺度を使った場合、「い」「う」を「狭母音《せまぼいん》」、「あ」を「広母音《ひろぼいん》」、「え」「お」を「半狭母音《はんせまぼいん》」と呼ぶ。

さて、ソクラテスが言った「あ＝大きい」「い＝細やか」という感覚は、それぞれの母音の口の開き度合いから生じていると考えることができる。「あ」が「大きい」のは、口が「大きく」開くからで、「い」が「細やか（≠小さい）」なのは、口が「小さく」しか開かないから。

だとすれば、「え」は「あ」と「い」の中間くらいの大きさになるはずだが、みなさま

はどう感じるだろうか？　「お」と「う」に関しては、どのような感覚があるだろうか？

母音の発音の仕方をさらに楽しく学びたい人には、ポッキーを使う方法がおすすめだ。舌の上にポッキーを置いて、「い」「あ」「い」「あ」「い」「あ」と発音してみると、口の外に出ているポッキーが上下するだろう。これはそれぞれの母音の舌の高さを反映している。これを「い」「え」「あ」で試してみよう。ポッキーの高さが、「上」「中」「下」と動くだろう。これは、舌の高さを実感できる楽しくて美味しい方法だ。

歌人と哲学者の感覚が一致

では次に、「い」「う」「い」「う」「い」「う」と繰り返して発音してみると、「い」では舌が前に出て、「う」では逆に舌が後ろに下がる。

ポッキーを舌に乗せている人は、ポッキーが前後に動くのを感じられただろうか？　つまり、「舌の前後」もそれぞれの母音を特徴づける大事な要素だ。これも自分で発音してみながら理解してもらいたいが、「い」「え」では舌が前に出て、「あ」「お」「う」では舌が後ろに下がる。前者を「前舌《ぜんぜつ》母音」、後者を「後舌《こうぜつ》母音」と呼ぶ。

以上の説明を踏まえて、日本語の母音の発音の仕方は、表3-3のようにまとめることができる。

忘れてはいけないのが、唇の動き。「う」と「お」を発音するときには、唇が丸まると思う。ただし、「う」に伴う唇の丸まりには個人差や世代差が存在し、かつては日本語の「う」は唇が丸まらないという捉え方が一般的であった。ただ、若い世代では「う」でも——英語やフランス語ほどではないにしても——多少、唇は丸まると思う。

前章で紹介した俵万智さんによる「もこむく」という造語に含まれる母音は、「お」か「う」であり、両方とも唇が丸まる母音だ。だから、この造語からは「丸っこさ」を感じられるのだろう。この点は、「お＝丸い」としたソクラテスの考察とも一致する。またもや、俵さんとソクラテスの感覚が合致している！

逆に「い」「え」と発音するときには、唇が横に引っ張られるはずだ。このように、母音の発音を考える上で、唇の動きも重要だ。一方で、少なくとも日本語や英語では、「唇の動き」は「舌の動き」から予想可能だ。

低母音を除き、舌が後ろにくる母音では唇が丸まり、舌が前にくる母音では唇が引っ張られる。どうしてこのような舌と唇の連動が起こるのかも非常に興味深い問題なのだが、この問いについて答えるためには「音響」——つまり、それぞ

表3–3：日本語の母音の発音の仕方

	舌の前後	
	前	後
舌＝高 口＝狭	い	う
舌＝中 口＝半狭	え	お
舌＝低 口＝広		あ

れの音が物理的にどのような響きを持つのか――をしっかり学ばなければならないので、本書では説明を断念する。挑戦したい方は、拙著『ビジュアル音声学』でじっくり説明しているので、ご参照いただければ幸いです。

響きからも意味は生じるのか

本書で「響き」の物理的な分析について詳しく論じるのは不可能だが、「響き」から生まれる意味がある、とする研究者もいる。たとえば、「い」の音は、とても高い周波数成分を持つ。そして、高い周波数成分を持った千尋声から「体の小ささ」を感じるのと同じように、「い」が「小ささ」を表すことはソクラテスも論じている通りだ。

それだけでなく、「い」のような高い周波数成分を持った音からは「尖った」「速い」「明るい」などのイメージを感じ、「お」のような低い周波数成分を持った音からは「大きい」「遅い」「暗い」などのイメージを感じる人もいる。

子音の説明のときに触れた「共鳴音」の響きは「丸い」「優しい」「親しみやすい」などの感覚を、「阻害音」の響きは「角ばった」「とげとげしい」「近寄りがたい」などの感覚を喚起するとも言われている。これらの詳細に興味がある方は、俵さんも気に入ってくれた『「あ」は「い」より大きい⁉』を参照してほしい。

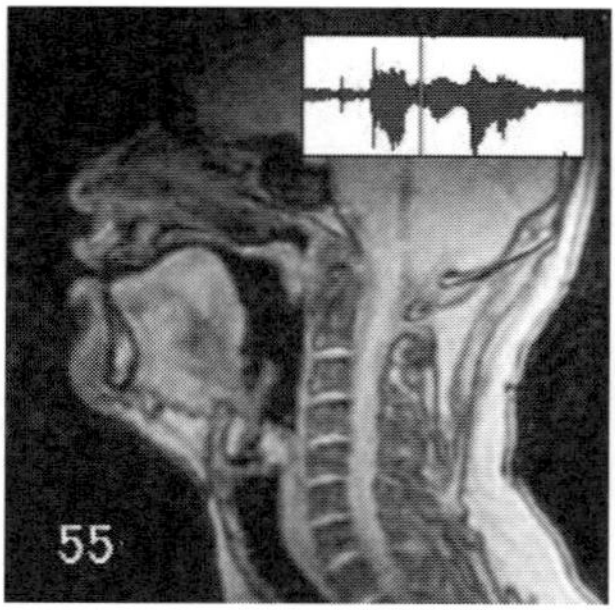

「い」

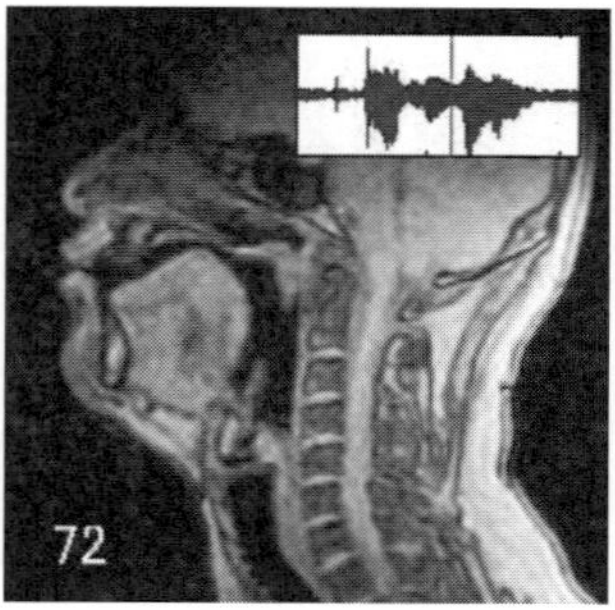

「う」

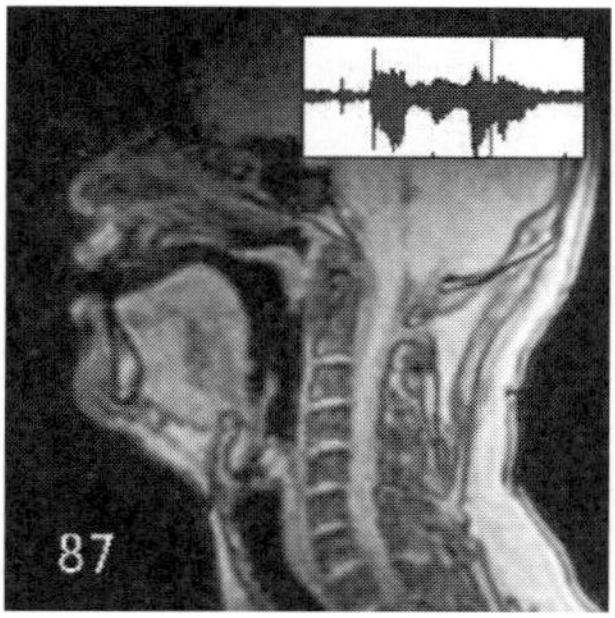

「え」

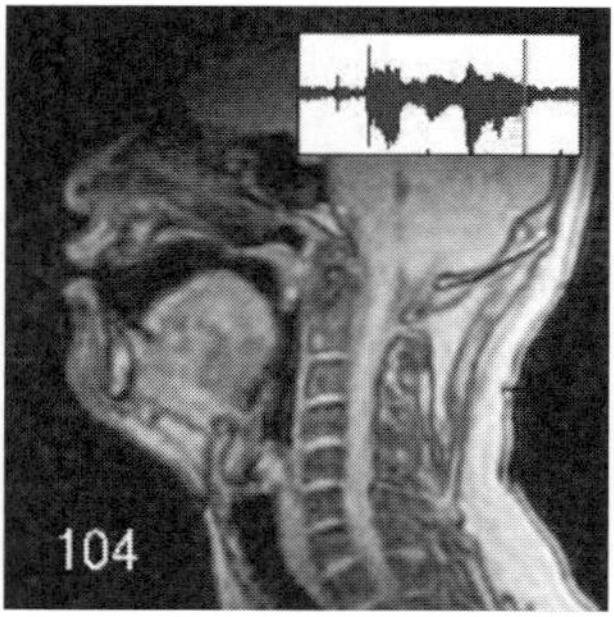

「お」

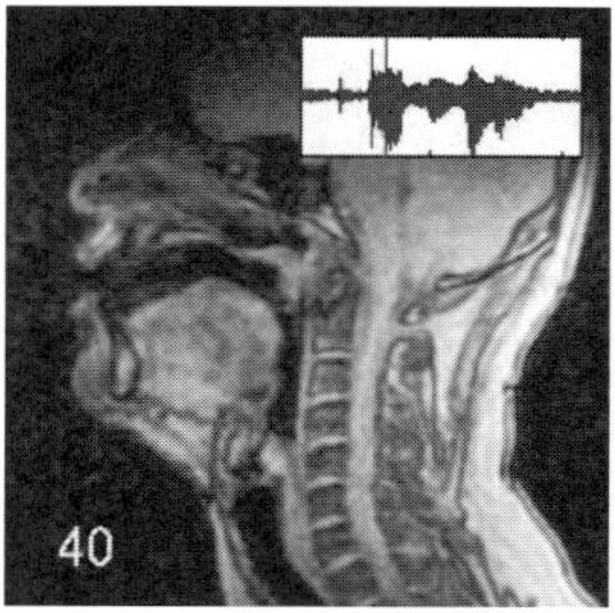

「あ」

図3–7：日本語におけるそれぞれの母音をMRIで撮影したもの（磯村一弘作成：国際交流基金『音声を教える』〔ひつじ書房〕付属データに収録）

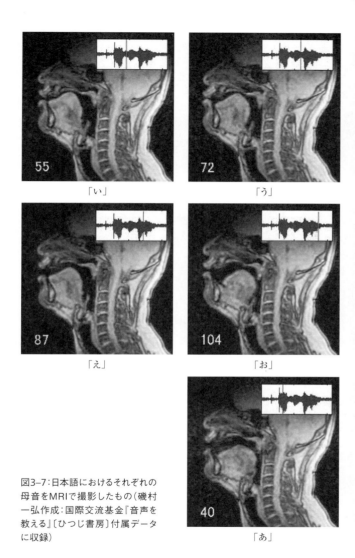

母音の発音に戻ろう。せっかくだから、母音発音時のＭＲＩ画像も図３‐７に用意した。表３‐３を参照したり、自分の発音に照らし合わせたりしながら、母音の発音への理解を深めるのに使ってほしい。

鋭い人は「あれ？『あ』『お』『う』で舌が後ろに下がっているのはわかるけど、その下がり度合いって結構違わない？」とか「あれ？『い』と『う』って口の狭め度合いが結構違わない？」とか思ったかもしれない。その通りである。

その意味で、表３‐３はかなり理想化した表だと理解したほうがいいかもしれない。研究者の中には、「う」の舌の位置は「真ん中」としたほうがいいのでは？という人もいるくらいだ。

歌う人に知ってほしい母音の秘密①

せっかく母音について学んだのだから、上白石さんとの対談で議論に上がった話題の中で、ここで語らずにいるのはもったいないことがひとつある。上白石さんは歌手としても活躍なさっているが、そんな彼女には、ひとつ苦手なことがあるというのである。

具体的には、歌唱時に「あ」や「お」から「い」に移行するとき、「い」の音程がぶれてしまうとのこと。特に「い」の音程が、「あ」や「お」の音程よりも高いときにこの問題が起こりやすいことを教えてくれた。

この悩みにも音声学的な理屈が存在する。先に述べた通り、「い」では舌が上に引っ張られる。舌は、声帯が入っている喉頭とつながっていて、舌が上がると喉頭も引き上がる。喉仏に手を当てて「あ」「い」「あ」「い」「あ」「い」と繰り返せば、この動きが感じられるだろう。

そして、喉頭が上がると声の高さが上がるため、「い」は「あ」「お」に比べて、もともと声の高さが高いのだ。このことをお伝えした上で、上白石さんに「あい」や「おい」のときに、どのように声の高さがぶれるのかをお尋ねしたところ、「い」のときに狙った音程よりも高すぎる音が出てしまうとのこと。

つまり、「あい」や「おい」の自然な発音に任せれば、「い」の声の高さは、ある程度勝手に高くなる。しかし、「音譜上では『い』の音の高さは、音高が高いのだから、そこに向かって上げよう」という意識が強く働くと、「い」の音がもともと高い音を持っていることに影響されて、必要以上に音が高くなってしまう（＝オーバーシュートしてしまう）のかもしれない。音声学者としては、ここに上白石さんの真面目なお人柄を感じる。

「い」は「あ」や「お」に比べて音の高さが高い、という現象は喃語（赤ちゃんが生後六ヶ月くらいから発する音）でも観察されることから、我々の発話にかなり「染みついた」ものだ、とされている。だから、この相関関係が歌に影響を及ぼしてしまっても不思議なことではない。

もし、舌の高さの変化によって、音程が取りにくくなっている歌い手の方々がいたら、参考になれば幸いだ。

歌う人に知ってほしい母音の秘密②

もう一点母音に関して、歌う人が自覚的に知っておくと有用かもしれない現象があった。表3-3で紹介した「口が狭くなる狭母音（つまり「い」と「う」）」だが、日本語では、これらの母音が無声子音に挟まれたり、無声子音に先行されて語末に来たりすると、無声化する。

たとえば、「しか[ɕi̥ka]」では、最初の母音[i]が無声化するし、「歌手[kaɕu̥]」では語末の母音[u]が無声化する。ＩＰＡでは「無声化」を補助記号である[̥]を使って表す。これら無声化した母音は聞こえなくなってしまうのだが、完全に消失しているかと言われれば、その点は専門家の間でも意見が分かれる。ただし、「歌手[kaɕu̥]」と「歌詞[kaɕi̥]」では、たとえ最後の母音が消えたとしても、前の子音の音色が微妙に異なるので、これらの単語の区別はちゃんと保持される。

さて、母音の無声化が歌とどのように関わるのか。無声化するということは、「声帯振動が起こらないということ」である。そして、「音程＝声の高さ」は「声帯がどれくらいの周期で振動するか」であるため、無声化して声帯振動を失った母音は、そもそも音程を持つことができない。

音声学者として歌う人との付き合いを持つようになって、当然、次のような疑問を抱くようになった――無声化する母音にあてがわれた音程は、どのように表現されているのだろう？　私の経験から導き出されたこの問いに対する答えは、「歌い手によるし、また、歌い方による」となる。

つまり、音程を表現するために、あえて無声化しないで歌う人もいる。一方で、無声化しないと単語としての聞こえが不自然になるとして、音程を表現しない人もいる。ただ、後者の人の中にも、音程を表現することを完全に放棄しているわけでなく、「周りの母音や子音で何とか表す」という意識を持っている歌手もいる。歌い方や単語によって、この選択肢を変える人もいる。

もちろん、音声学者である私に「どの方法が正解か」などという判断を下すことはできない。しかし、「無声子音に挟まれた挟母音は無声化する」ことに自覚的でいることは歌い手にとって有用であると思う。なぜなら、「無声化を選ぶか、それとも、音程を選ぶか」

という決断を自らの意思でおこなうことが可能になるからだ。

とある歌の収録現場に参加させてもらったとき、「無声化したバージョンで歌いましたが、無声化していないバージョンも録《と》りますか?」と歌い手の方がおっしゃっているのを聞いて鳥肌が立った。

そっか、音声学者でなくても、母音の無声化に対して自覚的に歌ってらっしゃる人もいるのですね。無声化って音声学者が机上の学問として分析しているだけのことではないのですね。そう知ることができて、すっごく嬉しいです。

最後にIPAにひと言もの申したい

本章では、「調音点」「調音法」「有声性」という子音の分類法および母音の分類法について解説した。最後にちゃぶ台をひっくり返すようで恐縮だが、世界中の言語を見渡してみると、これらの概念では不十分であることも明記しておこう。

たとえば、日本語や英語はすべて呼気(吐いた息)で音をつくり出すが、アフリカの言語では、吸った息で発音する子音を持っているものがある。韓国語などのように「声帯をぎゅっと締めて発音する子音」や「息をたくさん吐き出して発音する子音」を持つ言語も少なくない。これは単に「声帯が振動しているか、していないか」という「有声性」の区別だけでは捉えられない。

また先ほどは、「共鳴音は基本的に有声音」などと述べたが、本当は「無声の共鳴音」を使う言語だって存在する。それに、そんな「珍しい」音を探すために、遠くを見渡す必要はない。前述の通り、日本語では、母音――これも共鳴音である――が無声化することがあり、「共鳴音」＝「有声」と断定するのはいささか短絡的である。ＩＰＡには無声の共鳴音を表す補助記号もあるにはあるが、あくまで「補助」記号である。

いつだったか忘れたが、有声性に関して、次のような鋭い質問をいただいたことがある。

「ひそひそ話は、声帯を開いて、すべてを無声音っぽく発音する話し方だと聞きました。それなのに、なぜ私たちは、ひそひそ話でも有声子音と無声子音を区別できるんですか？」。非常に鋭い質問であり、これもまたＩＰＡの限界を物語っている。たしかに、有声子音と無声子音には、「声帯振動の有無」という違いも大事だが、他にも違いが存在するのだ。

たとえば、有声子音のほうが無声子音よりも短い傾向にあるし、逆に前の母音は有声子音の前でのほうが長い。加えて、有声子音は周りの母音の「声の高さを下げる」性質を持っている。だからこそ、ひそひそ話でも、「た」と「だ」の違いが、ある程度は伝わるわけだ。つまり、「た」と「だ」の違いを「声帯振動の有無」だけで特徴づけるのは不十分なのだ。

では、なぜ完璧でないものを紹介したかというと、「じゃあ、他に完璧なシステムはあるんですか?」と問われれば、答えに窮《きゅう》してしまうから。そして、もっと大事な理由は、本章で紹介した概念が音声学の世界ではデファクトスタンダード（事実上の標準）だから。「多くの人が使っているから、知っていると便利だよ」というくらいのイメージだろうか。

しかし、みんなが使っているからといって、それが正しいとは限らない。いま現在、ネット上の検索と言えばGoogle先生だが、Google先生の検索アルゴリズムが「正しい」とは限らない。それと似たような感じ。研究者としての私見だが、私としては、別にＩＰＡ（やGoogle）に反抗したいわけではないが、無批判に崇《あが》め奉《たてまつ》るのも違うと思っている。

もっと言えば、近代音声学はヨーロッパで興《おこ》ったものであり、ＩＰＡのシステムには、ヨーロッパ中心主義の残滓《ざんさ》が感じられる。たとえば、日本語の「歯茎硬口蓋音」（[ɕ]や[ʑ]）という音は、なぜか「その他の子音」という扱いを受けている。何をもって「その他」という扱いを受けているのか、正確な理由を私は存じ上げない。「ヨーロッパの言語には観察されないから?」とうがった考え方をしてしまいそうになる。

だからＩＰＡという観点だけから音声を眺めていると、それはそれで不十分である気がしている。というわけで、次章以降、音声を他の観点から理解する見方も紹介していこう

表3–4：IPAの子音表（肺からの呼気で出される音に限る）

	両唇音	唇歯音	歯音	歯茎音	後部歯茎音	そり舌音	硬口蓋音	軟口蓋音	口蓋垂音	咽頭音	声門音
破裂音	p b			t d		ʈ ɖ	c ɟ	k ɡ	q ɢ		ʔ
鼻音	m	ɱ		n		ɳ	ɲ	ŋ	ɴ		
ふるえ音	ʙ			r					ʀ		
はじき音		ⱱ		ɾ		ɽ					
摩擦音	ɸ β	f v	θ ð	s z	ʃ ʒ	ʂ ʐ	ç ʝ	x ɣ	χ ʁ	ħ ʕ	h ɦ
側面摩擦音				ɬ ɮ							
接近音		ʋ		ɹ		ɻ	j	ɰ			
側面接近音				l		ɭ	ʎ	ʟ			

* [w]、[ɕ]、[ʑ]は「その他の子音」として分類されていて、この表には含まれない。
** IPAは[ɡ]を用いるが、[g]の記号を使うことも許されている。
*** 母音表は、筆者がIPAに対して抱いている気持ちがさらに複雑なため、掲載を控えた。興味のある人のために、本書のサポートページに参考リンクを載せておいた。サポートページへのQRコードは259ページ参照。

と思っている。

という注意書きを明記した上で、本書が「言語学入門」を謳《うた》っているからには、いちおう、ＩＰＡの子音表の全体像を表３‐４として最後に付しておこうと思う。本書を言語学や音声学の教科書として使ってくださる尊きお方もいるでしょうから……。

表３‐２と同様、横軸が調音点、縦軸が調音法を表している。同じセルにふたつ記号が入っている場合、左が無声音、右が有声音である。灰色のセルは、生理学的な観点から発音が不可能だと考えられている箇所で、白い空欄は、人間としては発音できるはずだけど、その音を使う言語がまだ発見されていないことを表す。

白い空欄に入りそうな新種の音が発見されたとき、音声学の世界は少しざわつく。そして、厳密な審査の上、新しい記号が必要だと判断された場合、ＩＰＡ表は更新される。正直、滅多に起こることではないけれど……。

第四章　声のプロたちの悩みとその解決法

「山寺宏一さんに声をかけてみましょうか？」

オンライン授業のチャット欄に、こんな意味不明なコメントが送られてきた。いや、疑問文としての意味はわかるんだけど、こんな疑問が私に発せられたという事実自体が理解に苦しむ。時は四年前、二〇二一年の秋学期。大学の授業はコロナ禍の影響でまだオンラインであった……。

私の人生を変えた連絡

二〇二〇年の春学期、コロナ禍によるロックダウンの影響でオンライン授業にならざるを得なかった状況に、教育者としての私は苦悩していた。オンライン授業では必然的に伝えられることが限られてしまう。私には「学びは対話から生まれる」という譲れない信念がある。オンライン授業では、学生たちの顔が見えない。だから、学生たちの表情から、彼女ら・彼らの理解度を推し量って、こちらの話し方を変えていくのが難しい。チャットで質問を送ってくれる学生もいるが、やっぱり音声で議論したい。表情や手振りで伝えられることも、画面越しだと伝わらない。

しかも、コロナ禍に見舞われたあの期間は、暗いニュースで持ちきりだった。世界中の多くの人たちがつらい思いをした時期ではあるとは思うが、大学生たちにも「せっかく大学に入学したのに、友だちができない」「毎日、一日中パソコンに向かって授業を受けていると目も心も疲労する」など学生特有のフラストレーションが溜まっていた。

そんな時期だからこそ、せめて「学ぶことの楽しさ」だけは伝えたい、と心から感じていた。学生たちに「学ぶって楽しい！」と感じてさえもらえれば、学ぶ内容はあとからでもいくらでも取り返しがつくではないか。そんな信念のもと、私はいままで培ってきた人脈をフルに活用して、ラッパーや声優の方々をゲスト講師としてオンライン授業に招いた。

たとえば、私はコロナ禍が始まる直前、音声学者という肩書きをまんまと利用して、音声学の知見を声優さん向けのボイストレーニングに取り入れている長塚全《ぜん》さんという方のスタジオに遊びに行っていた。向こうからしたら「慶應の音声学の先生が来てくれた！」という感触だったらしいが、こちらに言わせれば「生の声優さんの演技を見学できる！」という下心あってこその訪問である。

不純な動機はさておき、生の声優さんのアフレコ現場を目撃し、私はその迫力に圧倒されていた。そんな経験とコネを持った私は、長塚さんとともに、そのときに知り合った声優の広瀬さやさんをゲスト講師として招待し、アフレコをオンライン授業で再現してもらったのだ。

これには学生たちも大歓喜である。広瀬さんの演じ分けを目の当たりにした学生たちからは「同じ人が発しているとは思えない!!」というコメントが殺到し、私は私で自分が演じたわけでもないのに「すごいでしょ〜〜」と学生にドヤ顔を披露する。オンライン授業という利点を生かして、長女にもアフレコを鑑賞させ、「お父さん、声優さんとお友だちなんだよ〜〜」的な雰囲気をつくり出して、ポイントも稼いだ(いま考えれば、小ずるい!)。

さらにアフレコ見学に加えて、あらかじめ録音してあった広瀬さんの演じ分け音声を題材として、音響解析の基礎原理を学ぶ、などという楽しい授業をおこなっていた。そう、じつは、第一章の「声比べ」の源泉はここにあったのだ。上白石さんの千尋声同様、広瀬さんが萌え声を演じるときには、高い周波数成分が検出されていた。これは広瀬さんの喉頭が引き上げられていることを意味していた。

また、ツンツンした冷たい人の役を演じるときには、声の高さの変化が小さくなっていた。これは「表に出ている感情の少なさ」という点で、千尋のやる気のない声と共通するところがある。しかも、広瀬さんのツン声も千尋のやる気のない話し方も、話すスピードが遅かった。

そんなわけで私のオンライン授業は、それなりの人気と反響を得ていた。二〇二一年秋学期ともなると、オンライン授業も四学期目となり余裕が出てきた。余裕が出てきたもんだから、「広瀬さん以外の声優さんに来てもらおうか〜〜。誰に来てもらおうか〜〜」などと学生に問いかけちゃったりして。

この人、本当に大学生?

こののんきな問いかけに対する予期せぬ返答として、先ほどのチャットが送られてきたのだ。多少戸惑いつつも、私の中ではふたつの仮説を立てることで、この事態を理解することにした。仮説①＝学生の悪ふざけ、仮説②＝山寺宏一さんの甥っ子がたまたま、私の授業を履修していた。なんとなく仮説②が有力だった気がする。ま、有名人の親戚が授業にいてもおかしくないか。

しかし、その学生から次々に連絡が来る。まず、電話番号を教えてきた。悪ふざけをしている学生は、自分の携帯番号を先生に知らせたりはしないだろう……。っていうか、そもそも、大学生って先生に携帯番号を教えてくるっけ? しかも、こちらからかけてつながらなかったら、ちゃんと折り返しの電話をしてきた。っていうか、学生って先生に折り返し電話してくるっけ？　この人、本当に大学生⁉　しかも、なんか低くて良い声してるし。そして、とどめとして次のメッセージが私に送られてきた。

「山寺さんとこれからミーティングがあるので、お話ししてみます！」

み、みーてぃんぐ？　親戚の叔父さんと会うことって「ミーティング」って言わないよね？　あれ、仮説②も間違い？　そんな混乱している私に追い打ちをかけるように、次のメッセージが。

「山寺さんからＯＫもらいました！　顔合わせの時間を決めていいですか？」

もう限界です。仮説①も仮説②も否定される十分な証拠を突きつけられてしまった私は、我慢できずに直接聞いてみることにした。

「いや、本当にありがたいんだけど、君は何者なの？」

謎の学生、正体判明

返事は夜に来た。「北山陽一と言います。四七歳、歌手です。ゴスペラーズというグループで二七年間ハモっています……」。こんなメールを夜に読んで寝られるはずもなく、その日はほぼ徹夜した記憶がある。

以降、これを教訓として、私は夕方以降に仕事メールをチェックすることをやめた。ついでにＬＩＮＥも夕方以降は控える。この習慣はいまでも続いていて、心の健康に役立っていると思う。ありがとう、北山君！　あと知らなかったとは言え、年上の貴方にタメ口で偉そうに話しかけて、「北山君」とか連呼してごめんなさい、北山君。

さて、「北山君」改め北山さんの名誉のために言っておくと、北山さんは偽名を使っていたわけでも、身分を隠していたわけでもない。ちゃんとオンライン授業には「北山陽一」と本名で参加していた。だから気づかなかったのは私の責任です。ただ、今度は私の名誉のために言っておくと、自分のオンライン授業にゴスペラーズがいるとは思いません。大学教員一〇〇人に聞いたら、二〇〇〇人は賛同してくれると思います。

あとから話してくれたことによると、北山さんとしても、あのオンライン授業の際、ゴスペラーズとしての身分を明かすのは、授業が終わって成績がついてから、というのがフェアな態度だと思っていたらしい。だから、ことさら学期が始まる前に「ゴスペラーズです！　よろしくお願いします！」とはならなかった。

そりゃ、そうだ。しかし――私が言うのもなんだけど――川原先生の授業があまりに魅力的だったため、学期が終わるのを待てなくなっちゃったんだって。

とまぁ、こんな笑い話がございまして、無事に山寺宏一さんも紹介してもらいました。北山さんの正体が判明した一週間後には、オンラインではあったものの、レジェンド声優の山寺宏一、ゴスペラーズの北山陽一、そして川原繁人の三人での顔合わせがおこなわれることになりました。どうも自分の立ち位置に不安を感じないわけではない……って、あれ？　まったく同じ構造の文をどこか（第三章）で書いた気がする。

でも、時系列的にはあの鼎談よりもこちらが先なので、このときは本当に著名人の方々と接することに耐性がなかったというのも間違っていない（いや、いまでも耐性がついたわけじゃないけど）。

この顔合わせ中の珍事件として覚えているのが、北山さんに「先生」と呼ばれ、そんな状況で自分のことを「先生」などと認識できるほど図太くなかった私の脳は、「先生」を「山寺先生」のことだと解釈し、山寺さんの反応を待つ、という一幕があった。「あれ？　自分って先生だったんだっけ……？」。

ともあれ、こんなやり取りを経て、私は山寺さんをゲスト講師にお出迎えするために、彼の一二キャラクター分の演じ分けと数週間、格闘することになった（詳細は『日本語の秘密』を参照）。思い返してみると、山寺さんの演じ分け音声と徹底的に向き合ったという経験がなければ、数日間で上白石さんの声を分析するなんて不可能だったと思う。

まぁ、この北山さんとの小話はいろいろなところでさせてもらっているので、すでにオチを知ってらっしゃる読者の方々もいるかもしれない。そこで本章では、もう少し私と

「北山君」の関係について深く語ってみようと思う。

北山君は何を感じ、何を思って、私に近づいて来たのか（なんか誤解を生みそうな表現だ）？ そして、私自身は何を学んだのか？ 歌手と音声学者の思いがひとつになったとき、何を成し遂げられたのか？

まずは、北山君が川原先生の授業を受けて、思わず正体をカミングアウトしちゃった理由から振り返っていこう。この理由こそ、「プロの歌手にとって音声学がなぜ魅力的であるのか」を如実に物語っている（かもしれない）。

音声学でアーティストの感覚を明確化する

北山君が履修した私の音声学の授業を振り返ると、彼の心をくすぐった点が数点あると思われる（以下、川原の個人的な推察が含まれます――「あたしの授業のどこが魅力的だったの？」とはなかなか直接的には聞けない）。

ひとつは、私が大学院時代におこなった日本語ラップの韻についての分析。この分析を紹介するため、「Kダブシャインの HIPHOPカレッジ」という番組で、私の解説を上手に編集してもらった映像を視聴しながら、適宜補足を加えて授業をしていた。簡単に言うと、一〇〇曲近い日本語ラップの韻の分析に基づいて、「日本語ラップの韻を統計的に分析すると、音声学的に似た子音ほど韻として組み合わされやすい」ことを実証したのだ。たとえば、第三章でも取り上げた「Mastermind」という曲で、Mummy-Dさんは「けっとばせ」と「ゲットマネー」で韻を踏む。このペアは母音が[e...o...a...e]で共通している。しかし、本当に興味深いのは子音部分。子音のペアを抜き出してみると、[k...t...b...s]と[g...t...m...n]となる。

この子音のペアを前章で学んだ「調音点」の観点から分析してみよう。はい、[k]－[g]のペアは「軟口蓋音」ですね。[t]－[t]はまったく同じ子音。[b]－[m]は「両唇音」で、[s]－[n]は「歯茎音」です。つまり、どのペアも調音点が一致している。なんとも美しい韻ではないですか。

ちなみに、あまりに美しすぎるもんだから、私が自分のラップ分析を解説するときには、毎度毎度この例を使ってしまう。上白石さんとの番組でも、この例を使って自分の分析を解説し、しかも彼女にこの部分をラップしてもらった（これだけで快挙だったと勝手に自分で思っている）。そして、毎度Dさん本人に報告しては「川原先生、ほんとこの韻好きだねー」といじり倒されるのが鉄板となっている。だが、やっぱりこの韻が好きだ。愛してる。

ただ、毎回書籍を書くたびに、この例ばかり使うというのも芸がない気がしてきた。というわけで、最近家族全員でドはまりしているラッパー、神門《ごうど》さんの「子が生まれ」から、以下の歌詞を引用したい。「妻の腹も平たく　実感なんて未だに湧かず」の部分で「平たく」と「に湧かず」、つまり[çiratakɯ]と[niwakazɯ]が韻を踏んでいる。

この韻を、前章で説明した「空気の流れ方」(＝調音法)の観点から考えてみたい。ちょっとずるいが、最初の子音のペア([ç]-[n])は、おいておこう。二番目の子音のペアである[ɾ]-[w]は、両方とも「よく空気が流れている」という観点から考えて、「似た音」である。音声学では、これらの音を「接近音」として同種類の音として扱うことがあるくらいだ。

[t]-[k]は、もっとはっきり一致していて、声道が一度完全に閉鎖され、破裂が起こるという点で、どちらも「閉鎖音(破裂音)」である。最後のペア[k]-[z]だが、空気の流れがしっかりと阻害される、という点でどちらも「阻害音」であった。

「でも最初のペア[ç]-[n]はだいぶ違うんじゃ……?」という声が聞こえて来そうだが、これはその通りである。前者は「無声」「硬口蓋」「摩擦音」で、後者は「有声」「歯茎」「鼻音」なので、音声学的には共通点がない。だから、このペアは似た子音同士とは言えない。

しかし、音象徴のときと同じく、ラップの韻における子音の組み合わせも、あくまで傾向として考えてほしい。まとめると、神門さんのこの韻においては「空気の流れ方が近い子音が揃う傾向」にある。

日本語ラップの韻をガチで分析

もちろん数個の例だけから結論を導けるほど世間も学問の世界も甘くない。「自分に都合のいい例だけ抜き出してない？」とツッコまれるのが目に見えている。

そこで、「音声学的に似た子音ほど韻として組み合わされやすい」という仮説を客観的に精査すべく、大学院生時代の私は日本語ラップ九八曲に含まれる韻を抜き出して、ガチ分析をしてみた。

その結果、「音声学的な近似性」と「韻での組み合わされやすさ」との間に正の相関があることを統計的に突き止めた。この結果を示したのが図4-1である。それぞれの丸が子音のペアを示しており、縦軸は「韻における組み合わされやすさ」の指標と捉えてほしい。この指標に関してしっかり説明していると、すごく長くなってしまうので、この数値の計算方法に興味がある方は拙著『言語学的ラップの世界』を参照してください。

横軸は「音声学的にどれくらい似ているか」を表していて、こちらは前章で説明した調音点・調音法などの概念に基づいて計算している。詳細はともあれ、横軸と縦軸に正の相関が観察される。つまり、日本語ラッパーは「似た子音ほど、韻でよく組み合わせる傾向にある」ことがわかる。

さて、この韻の分析を、番組のメインMCであるKダブシャインさんも聞いていた。彼

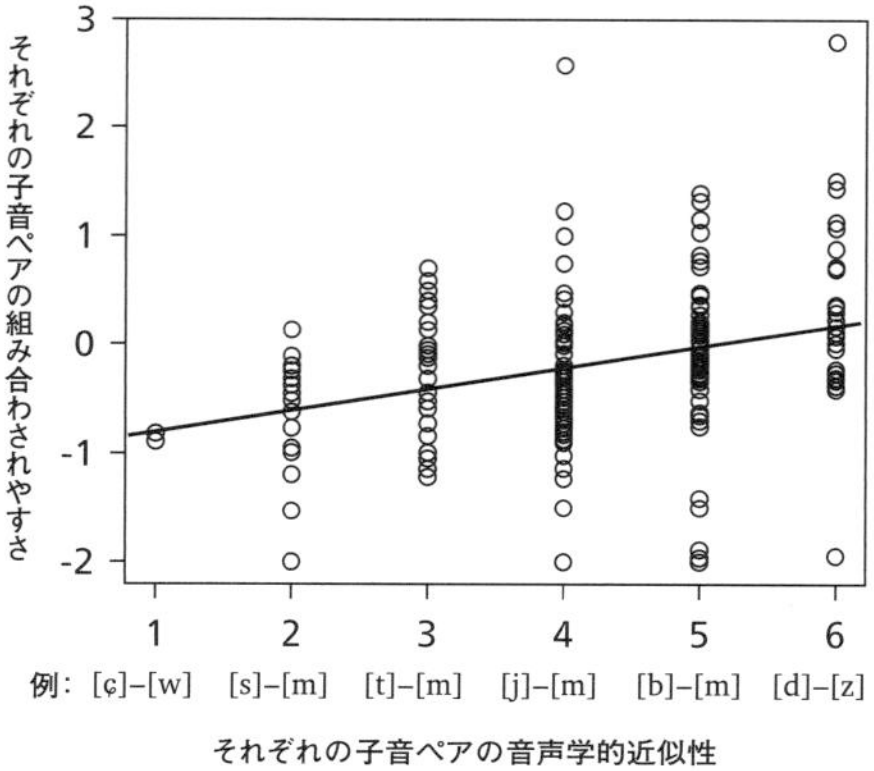

図4–1：日本語ラップにおける「音声学的な近似性」（横軸）と「韻での組み合わされやすさ」（縦軸）の相関

は、日本語ラップの黎明期を支え、日本語で韻を踏む技術をつくり上げたラッパーのひとりである。そんな彼が「（母音だけでなく子音も揃えるというのは）なんとなく感覚として持っていたけど、言語化できていなかった」という発言をするシーンがある。

そこで、授業中の私は、○席食堂よろしく動画をとめ、「こういうプロのアーティストがなんとなく感覚でやっていることを、明示化してお伝えできるのは、音声学の魅力のひとつだよね」と学生たちに伝えていた。

学生のひとりであった北山君は、私のこのコメントを画面の向こうで聞いていた。そこで、「じゃあ、僕の歌手としての感覚も音声学が明示化してくれるかも……」という気持ちになったとして、誰がそれを責められようか。

歌手に自分の調音を理解してもらう

さらに同番組では、調音点や調音法の概念を解説するために、MRI動画を披露していた。たとえば、MRI動画を見ながら「『ゲットマネー』の『ね』みたいに、『な行』を発音するときには、軟口蓋の一部の口蓋帆《こうがいはん》という器官が下がるんだよ～」と解説（図4－2）。

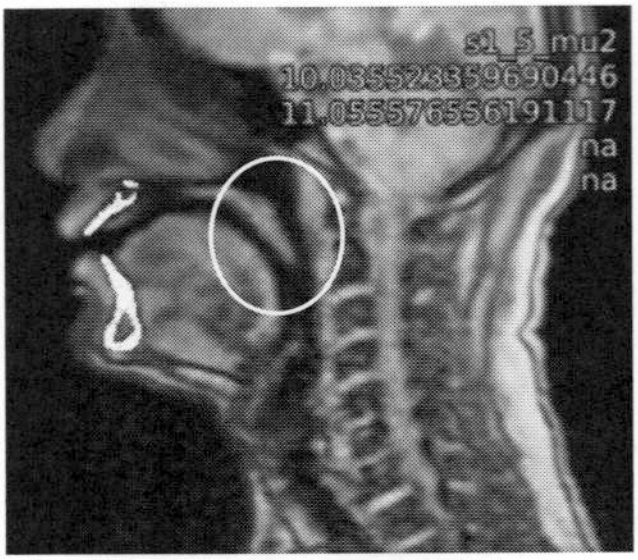

図4–2：「な」の発音時に口蓋帆が下がっている様子

そこで北山君は、「あれ？　歌うときには『軟口蓋を上げて歌いなさい！』って言われることがあるけど、それだと口蓋帆も上がっちゃって、『な行』が発音できないってこと？」と思ったかもしれない。「なんか、『な行』が弱いってツッコまれたことがあるけど、もしかしたら原因は軟口蓋を上げる意識が強すぎたのか？」と思ったかもしれない。

「な行」では軟口蓋（口蓋帆）を下げて発音する、というのは音声学の入門授業で教えるような基礎的な知識ではあるが、そんな基礎的な知識がプロの歌手の役に立つことがあり

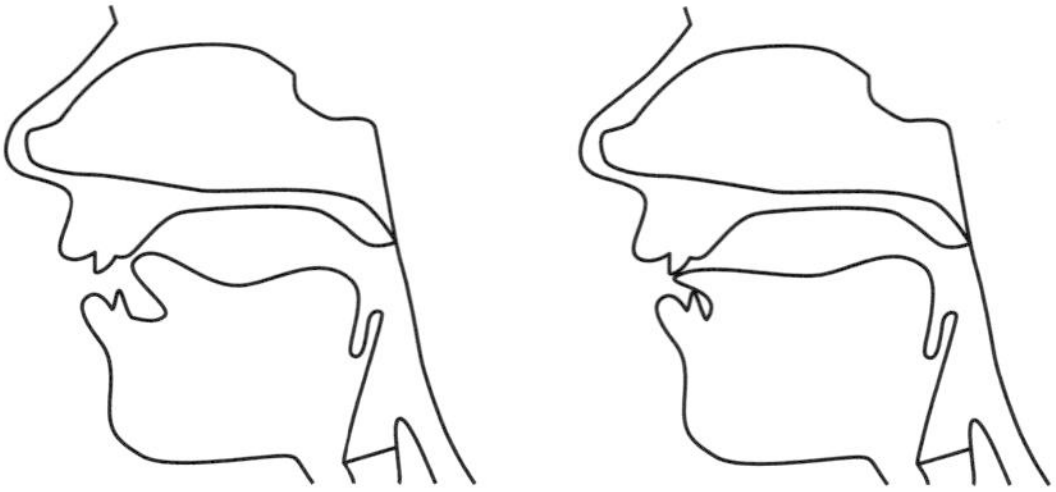

図4–3：教科書的な歯茎音としての「さ行」（左）と、北山君や川原君が使う（ことが多い）「歯音」としての「さ行」（右）

そうだ。

番組の次の場面では、「『けっとばせ』の『せ』みたいに、『さ行』を発音するときには、舌の位置は基本的に『な行』と一緒なんだけどね」というＭＲＩ動画を紹介した。

これは北山君本人がのちに証言していることなので間違いないが、「あれ？　僕の『さ行』って舌を噛むように発音しているけど、たしかに『な行』と同じような舌の位置で『さ行』を発音できるじゃん！　これで歌ってみよう!!　あー、こっちのほうが子音の長さを調整しやすい！」と思ったとのこと。

じつは私自身もそういう傾向にあるのだが、日本人の「さ行子音」は、教科書的には「歯茎音」として分類されているものの（図4-3、左）、舌が歯に当たる「歯音《しおん》」として発音する人も少なくない（図4-3、右）。そう、上白石さんが「両唇音」を「唇歯音」として発音することがあるように、北山君も「歯茎摩擦音」を「歯摩擦音《しまさつおん》」として発音していた。

人間言語とは、このような「ゆれ」を許す余地があるものなのだ。

歌唱に適した発音法とは

ただ、北山さんの場合、この「ゆれ」があまりよくない方向に働いてしまっていたという。ハモりを主戦場とする北山さんは、ＢＧＭや他のメンバーの声に合わせて、数ミリ秒単位で子音の長さを微調整する必要がある。しかし、「歯摩擦音」ではその長さの調整が難しいと感じていたらしい。

そこで「歯茎摩擦音」で試したところ、「さ行」の長さが調整しやすくなったとのこと。後者であれば、下顎を動かす必要がなく、舌の動きだけで音を出すことができるので、効率的と言えば効率的なのかもしれない。

北山さんから話がそれてしまうが、これに似た「ゆれ」に関して、前述のボイストレーナーの長塚さんが面白い例を教えてくれた。普通に話しているときに「い」の発音をすると、前章でも述べた通り、舌が上がって声道が狭くなるから、音が口の中に籠《こ》もりやすい。しかし、これにも解決策があるという。

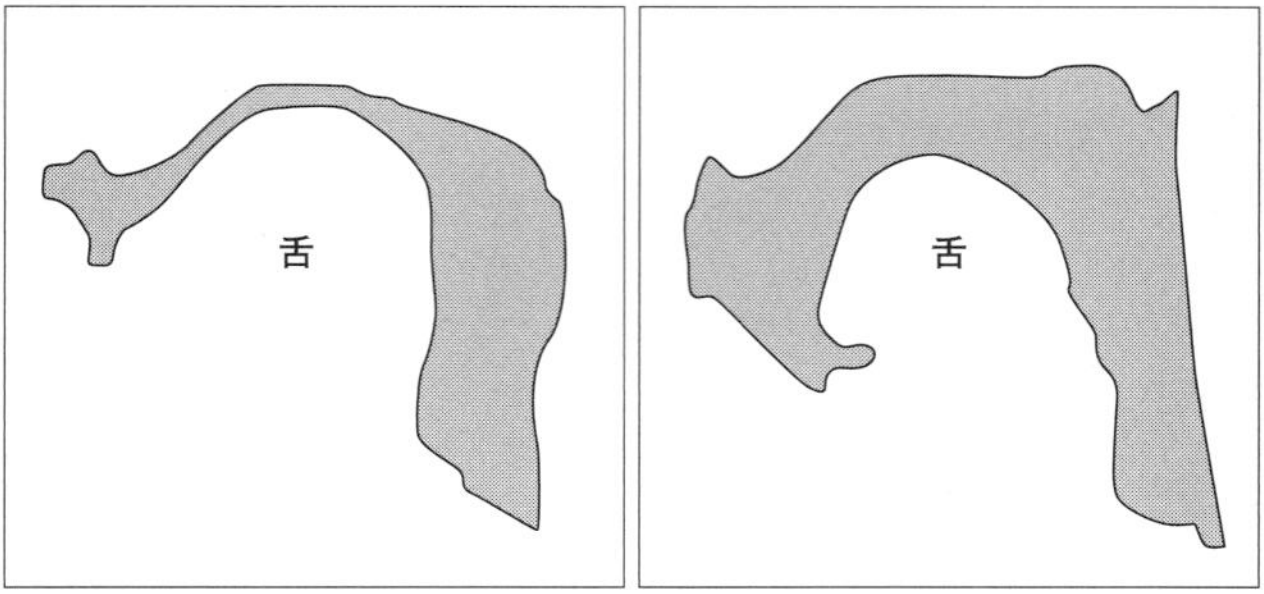

図4–4：声道が狭い「い」の発音（左）と、広い「い」の発音（右）

「い」を発音する場合、舌の真ん中あたりを硬口蓋付近に近づけることが重要である。一方で、舌の形や舌先の位置は割と自由なのだ。だから、舌の両側を硬口蓋につけて、舌の真ん中はくぼませ、舌先を下の歯の後ろに置いて発音することが可能だ。長塚さんいわく、「このように舌全体を滑り台のような形にして発音したほうが、声道全体が入り口の広いメガフォンのような形になって、口の中にエネルギーが籠もらず、よい歌声が出せる」とのこと（図4－4）。

同様に、「い」を発音するときには、歯は閉じても閉じなくてもよい。この母音は、舌が上がって声道が閉じ気味に発音されるので、無意識的に歯まで閉じてしまう人も多い。しかし、歌うときには歯を開けたほうが、声のエネルギーが外に出ていきやすい。

やっぱり、このような音声学の知識が歌い手の役に立つ、というのは、さもありなんと感じる。

アクセントとメロディーの関係

はい、北山さんの話に戻りましょう。同番組ではラッパーたちが日本語のアクセントをどう扱うかにも触れていた。日本語では「端」と「箸」のように、音の高さで意味が変わることがある。東京方言では、「端」は「低高」で、「箸」は「高低」。同じように「飴」は「低高」で、「雨」は「高低」である。つまり、単語それぞれが「独自の音の高さ」を持っているのだ。これを専門用語で「アクセントの違い」と呼ぶ。

簡単に言えば、もともと単語が持っているアクセントを大事にするラッパーと、韻を踏むときに、これらをわざと崩すラッパーがいる。前者のラッパーはメッセージを伝えることを重視し、後者のラッパーは独特のリズム感をつくり出すことで、聞き手を楽しませているのかもしれない。

どちらのほうが優れている、という話でなく、スタイルの問題だ。少なくとも、私はどちらも好きだ。曲によって、ふたつの手法を使い分けるラッパーも多い。

さて、北山さんは作詞・作曲するときに、単語のアクセントとメロディーをどれくらい一致させるべきかについて悩むこともあり、この点に関しても、川原繁人は「なんか面白いところに着目している人」に見えたのだろう。

これは出会ってから一年以上経ってから語り合い始めたことだが、北山さんは曲をつくるとき、微妙な選択肢のチョイスに悩むことを教えてくれた。そう、俵万智さんが「サラダ」に対して「六月」と「七月」の選択を迫られたことがあるように。俵さんは、「さ行の頭韻」という基準を用いて「七月」を選んだ。北山さんも、「アクセントとメロディーの一致」がそういった「作詞・作曲の際、複数の選択肢に迷ったときのひとつの指針」になるのでは、と考えていたらしい。

そんなわけで、私と北山さんは、さだまさしさんの名曲「秋桜《コスモス》」を題材として「アクセントとメロディーの一致度」を一緒に分析し、共著のエッセイを出版することになった。「言語学者」と「歌手」が、改めて「先生」と「生徒」として、一緒に研究してみたのだ。歌について音声学的に研究している大学院生にも参加してもらって。全員が全員学ぶことが多い機会となった。

一致すればいいという問題でもなさそう

この分析に一緒に取り組んでいるときに話題にのぼったことだが、「端」と「箸」や、「飴」と「雨」のようなアクセントの違いは、他言語と比べて、その「珍しさ」に目がいってしまいがちだ。特に英語では、日本語のように音の高さ「だけ」で違った単語になってしまうことはないから、どうしても「日本語ってこんな違いがあるんだよ！　驚きだね！」という考えに陥りがちになる。

だがしかし、じつは、日本語でもアクセントの違いのみで区別されるペアは意外に少ない。同音異義語がアクセントの違いで区別されるのはわずか一四％で、残りの八六％はアクセントも同じ、という研究がある。つまり、日本語ではアクセントがそもそも意味の違いにそこまで大きく寄与していない。よって、曲の中でアクセントが忠実に再現されてなくても、誤解につながる可能性は高くない。だからこそ、ラッパーたちがアクセントを崩しても、歌詞の意味が通じるのだろう。

「秋桜」でも、北山さんが予想していたほど、アクセントとメロディーの一致率は高くなかった。しかし、一致率が高くないことには言語学的に理由があることなのかもしれない――日本語の特性上、単語の持つ音の高さを変えても、誤解につながる可能性はそこまで高くないのだ。中国語などの、音の高さがもっと重要な役割を担っている言語では、歌でも単語が持っている音の高さが、日本語以上に大事にされるという研究もある。

とはいえ、さださんは、アクセントとメロディーの不一致によって、歌詞が誤解されることは避けている可能性は十分残った。たとえば「変える」の部分では、アクセントとメロディーの不一致が起きていない。これは「帰る」との誤解を避けるためかもしれない。同じように「幼い」の部分は「押さない」との誤解を避けるためか、アクセントとメロディーがかなり一致していた。また、北山さんが感じるこの曲の「肝所《かんどころ》」となる箇所では、アクセントとメロディーの不一致を避けているようにも感じられた。

つまり、アクセントとメロディーの一致は「善か悪か」といった単純なものではなく、「大事なときには大事だけど、絶対に違反不可能というわけでもなく、どんなときに一致するべきかを考えるためにも、言語学的な知識が有用」という結論が浮かび上がってきた。

ともあれ、こんな共同研究を通して、北山さんは「歌手として、こういう日本語の性質を客観的に学べるって、すごく助かる」と、改めて言語学の有用性を証言してくれた。

「音の最小単位は何か」問題

と、ここまで書いてきて、なんかフェアじゃない気がしてきた……。まるで私が一方的に北山君に知恵を伝授している、みたいに伝わってしまうかもしれない。これは、まったく正しくなく、私が北山さんから学んでいることも非常に多い。っていうか、ここ数年で私の人生を（いい意味で）もっとも大きく変えたのは、間違いなく彼だ。というわけで、ここで視点を変えて、私が北山さんから学んだことの例を挙げておこう。

言語学では「とある現象を説明するために想定する概念」がたくさんある。ただ、それらを想定するのは、あくまで「現象の説明に便利だから」であって、「本当に話者がそんなことを考えて発音しているのかわからない」ことが多い。こういう問題は、研究者によって捉え方が結構異なっていて、「現象を説明できれば、それでOK」と考える人と「いやいや、実際に話者の意識に存在しないかもしれないものを研究して、それに何の意味があるの?」と悩んでしまう人がいる。

どちらの考え方が正しいかは究極的には哲学的な問題であって、どちらかが絶対的に正しいというわけではないのだが、私はばっちり後者である。自分が構築する理論は「説明の道具」であるだけでなく、「実際の話者の意識の中に存在する何か」であってほしい。

前置きが長くなったが、北山さんはまさにそんな私に新たな角度から安心感を与えてくれたのだ。どういうことか説明するために、具体的な例として、[t]を考えてみよう。前章では、[t]について語るとき、「舌先を使って歯茎部分で空気の出口を閉じる」という、ある意味、「時間軸上の一点」だけを考えればよいことになっていた。しかし、さまざまな音声現象を説明するためには、発音をもっと細かく分解して考えなければならない、とする理論がある。

具体的に説明しよう。図4-5のように、この理論では、①「舌が動き出す地点(起点)」、②「舌が歯茎に到達する地点(ターゲット)」、③「舌が歯茎から開放される地点(リリー

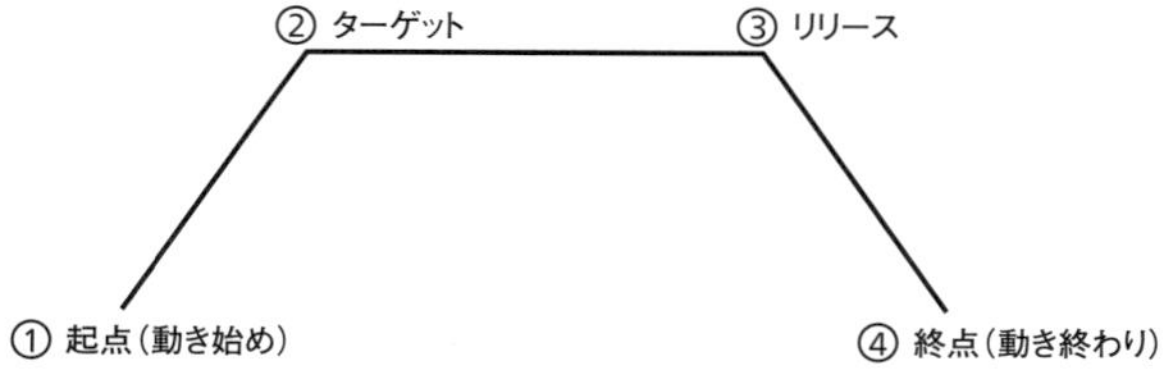

図4–5：発音の4つの地点に注目し、3つの区間に分ける理論

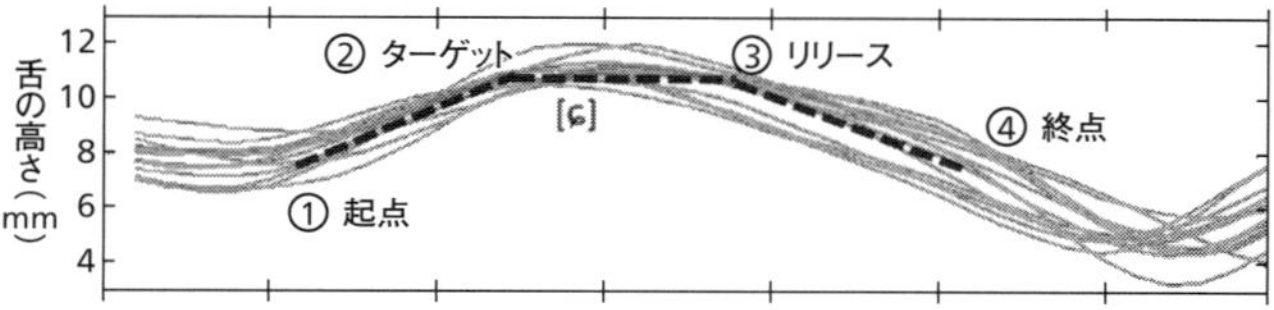

図4–6：「しゅ（[ɕ]）」を発音したときの舌の真ん中部分の動き

ス）」、④「舌がもとの位置に戻る地点（終点）」、これらすべての地点を考慮に入れることが重要だと考え、音を三つの区間に分ける。子音ひとつが「原子」だとすれば、これらの区間は「素粒子」とも言えようか。

「これ以上分解できない」と思われていた音[t]を、さらに細かい区間に分けて考える。この考えは[t]だけでなく、すべての音に対して成り立つとする。

　このような細かい区間を想定すると説明がうまくいく言語現象が多いことはたしかだし、私も研究の枠組みとして、この理論を使うことは少なくなかった。そして実際に舌にセンサーをつけて計測してみると、図4-5のような動きが観察されるのも事実である（図4－6）。

それでも、「人間はひとつの音を出すために、三つもの区間を自在に操っているのか」という疑問は残る。人間が操っている「音の最小単位」として「子音」とか「母音」よりもさらに細かい単位を想定してよいのだろうか？　実際に人間が言語音を操る際に、これらの最小単位が、意識や行動に現れることなどあるのだろうか？　少なくとも、この疑問は私の心の中に残っていた。

しかし、北山さんは、図4－5で示されたようなモデルを意識して歌っていることが明らかになった！　きっかけは、私が持っていた別の疑問である。ここで濁音の発音に話を戻したい。第二章で説明した通り、濁音を発声するときには、口の中が広がる。すると、結果として声帯が入っている喉頭という器官も下がる。すると、背骨の湾曲の関係で声帯が緩んで、結果として後続する母音の声の高さも下がる（詳しくは第五章で！）。

逆に、清音のあとでは、声の高さが上がってしまうことも知られている。つまり、濁音や清音によって、次の母音の声の高さが乱れるのだ。音程を大事にする歌手の方々は、この「子音がつくり出す声の高さの乱れ」を意識しているのだろうか？　意識しているとすれば、どのように解決しているのか？　出会って間もない頃、そんな音声学者としての疑問を北山さんにぶつけてみた。

プロの歌手は音の解像度が高い

北山さんの答えは、「テニスの喩えになっちゃいますが、音をテイクバックとインパクトとフォロースルーみたいに三つの区間に分割して、音の高さが子音で乱される区間をテイクバックの区間に抑える、そして、インパクトのところで音程を合わせる意識ですかね」というものだった。

いやいやいやいや、使っている用語は違うものの、北山さんの意識は図4-5で表されているものとほぼ同じではないか！ 北山さんが言うところの「インパクト」は、図4-5で表現されている「ターゲット」とほぼ同義だろう。私は図4-5の理論を、「音声現象の説明に便利な概念」として使用していた。しかし、それを「実際の意識として歌に使っている人」がいたのだ！

「理論家たちが想定していた便利な説明道具かと思っていたら、意識として使っている人間が実在しているじゃん！」という圧倒的な感動。しかも、解像度という観点からは「ひとつの子音・母音＝ひとつの音」と感じている人たちに比べ、北山さんは三倍の解像度で音を操っている、ということになる。こういう体験って、研究者として想像以上に嬉しいことなのだ。研究者様たちからの共感の声をお待ちしております。

アインシュタインの理論が予測した重力波の存在が、一〇〇年近くあとに実証された、というニュースを聞いたことがあるが、私の気分としては、それに近い。大げさ……ではない。

本当にすごい「こぶし」の話

ちなみに、子音や母音をひとつの音としてではなく、さらに分割して操っている別の歌手の方にも出会うことになる。城南海《きずきみなみ》さんである。出会ったのは北山さん経由ではないが、親交を深めるように動いてくださったのは、やっぱり北山さんだった。

城さんは、テレビ東京の「THE カラオケ☆バトル」で一〇連覇の偉業を成し遂げたことで「絶対女王」とも呼ばれ、奄美民謡の歌唱法をポップスにも応用していらっしゃることでも有名だ。

その城さんが使う歌唱法のひとつが「こぶし」。私も誤解していた時期があるのだが、手を握ってつくる拳《こぶし》とはまったく関係ない。歌唱法における「こぶし」では急激な音の高さの上昇下降が起こる。それはもう、びっくりするくらいの速度でびっくりするほどの量の変化を起こす(具体的には五〇分の一秒程度で六〇Hz以上)。

城さんが生み出す「こぶし」における「音の高さの変化率」は、かつて音声学者が「人間の体の仕組み的に限界」として考えていた値をゆうに超えていた。なんで城さんはそん

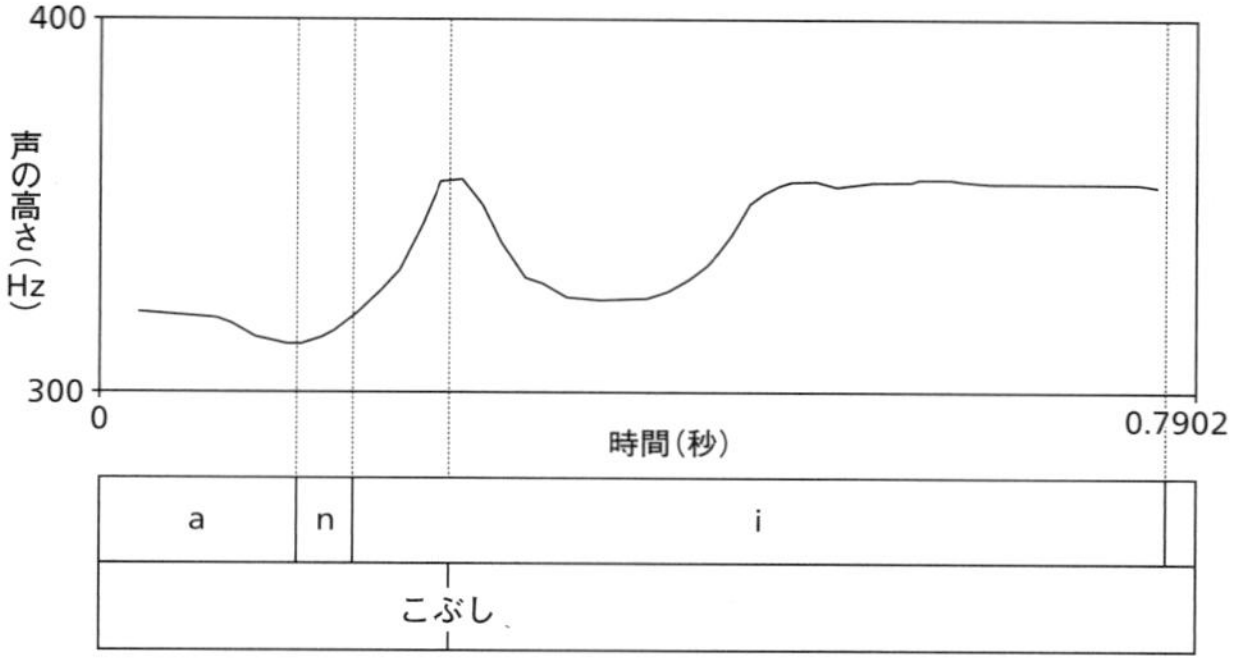

図4–7：城南海さんの「こぶし」における音の高さの変化

なことができるのか、正直、いまのところわかっていない……。しかし、「こぶし」がどこに現れるかを音響解析してみると、面白いことがわかってきた。

たとえば、「アイツムギ」という曲の「たからかに」という部分の最後に「こぶし」が現れる。この曲のアカペラ音声における[…ani]の部分を解析したものが図4–7だ。図の上部の線は「声の高さの変化」を示していて、真ん中の列は、どの音がどこに位置しているかを示している。

これを見ると、声の高さの上昇は子音付近から始まり、「こぶし」のピーク自体は「母音[i]のほぼ左端の部分」に現れていることがわかる。城さんの歌い方を音響分析すると、この例のように「こぶし」のピークは「子音が終わり、母音が始まる付近」に当てられることがほとんどだった。

つまり「こぶし」は、母音のどこに現れてもよいわけでなく、左端に寄っている。北山さんの言葉を使うならば、母音の「インパクト」地点(図4-5では「ターゲット」)に「こぶし」が現れる。

なぜ母音の左端に「こぶし」を置くか、という点も非常に興味深い。近年の神経科学の知見によると、人間の脳は「子音から母音に変化する部分」にもっとも敏感に反応するらしい。つまり、城さんは聞き手の脳がもっとも敏感な部分に「こぶし」を合わせているのだ! せっかく「こぶし」という手法を使うのだから、脳がもっとも敏感な位置に置く、というのも神経科学的には理にかなっている……。

ただ、城さんはこのような知見に基づいて「こぶし」の位置を調整しているわけではないだろう。ご本人に確認したが、神経科学的な知見についてはご存じなかった(当たり前か)。城さん自身、いろいろ試しながら、聞き手がもっとも感動しやすい位置を探っていったら、このような手法にたどり着いたのか。それとも奄美民謡の伝統が導き出した経験知なのか。

どちらにしても、うーん、すごい。

大事なのは「響き」だと思うんです

もう一点。北山さんが歌手として興味を持っていた問題が、音声学の世界で活発に議論されてきた問題と一致していて驚いた、という話だ。前章でも紹介した通り、音声学入門では「音の発音の仕方」を学ぶ。これを専門用語では(少し仰々《ぎょうぎょう》しいが)「調音」と言う。話者にとって「舌や唇などの器官をどう動かすか」が重要なのは間違いないが、「調音が第一」という考え方に疑問を提示する研究者もいる。具体的な代替案として考えられているのは、「結局、重要なのは響きなのよ」という主張である。極端な言い方をすれば「どう発音しようが、結果としてその音に聞こえればOK」という考え方だ。

もちろん、この考え方にも根拠がある。たとえば、前章で「あ」の母音を発音するときには、「口が大きく開く」ことを紹介した。しかし、試しに――少し行儀は悪いが――箸を咥《くわ》えて「あ」と発音してみてほしい。箸がない人は、何でもいいから何かを噛んだまま、そうでなければ何かを噛んだフリをしながら、「あ」と発音してみてほしい。

どうだろうか? ……できるはずだ。そう、「あ」の「口を大きく開けて」つくり出す響きは、口を開けなくても、他の器官を調整することでもつくれるのだ。同じように、「お」では唇が前方に丸まることも説明した。しかし、唇を自分の手で押さえて、丸まるのを阻止しても、「お」の響きをつくることはできる。おそらく普段よりも、舌をより後

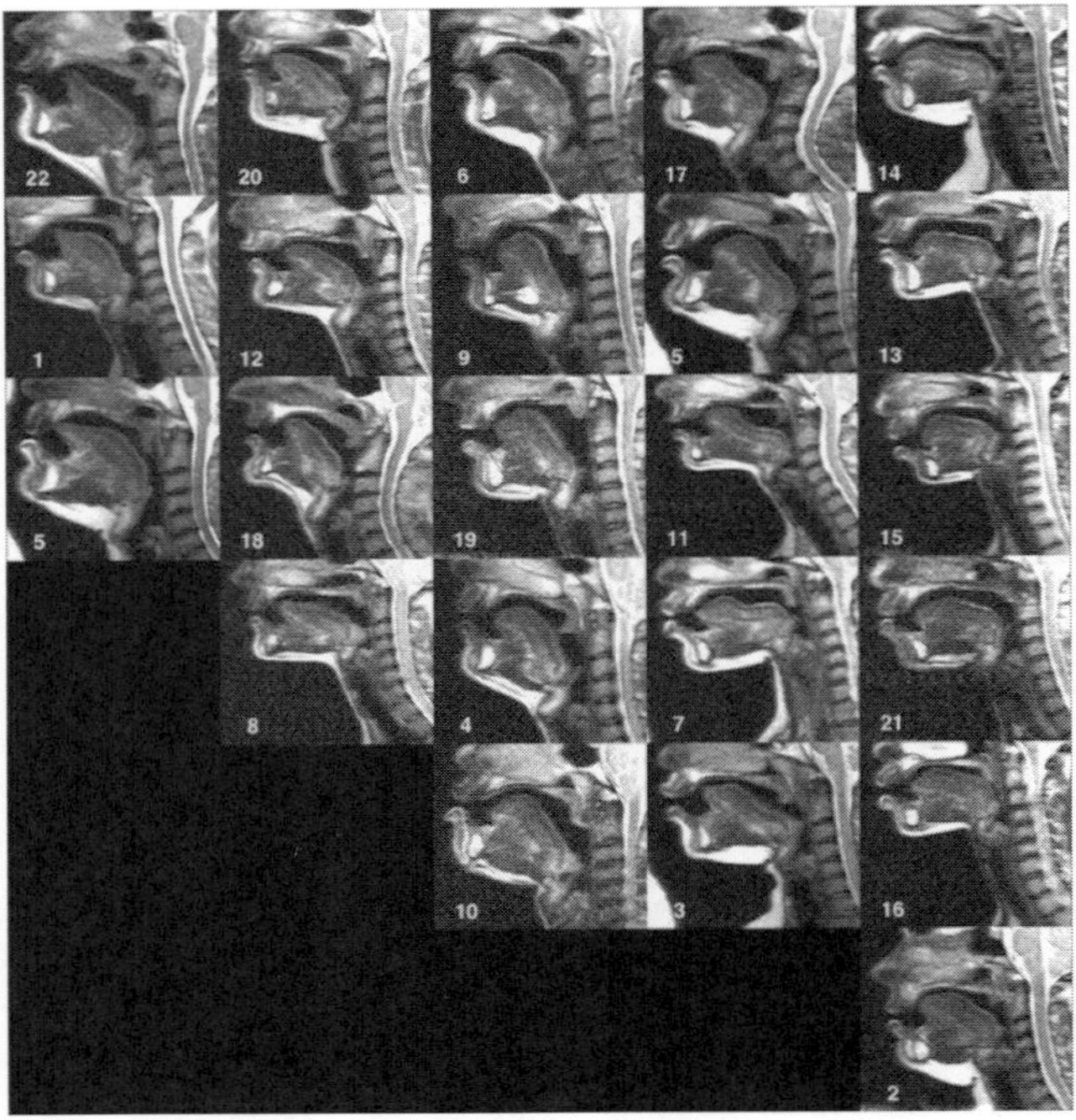

図4–8: さまざまな話者の“r”の発音の仕方

ろに引いているはずだ。

こう考えると、「あ」や「お」の定義には、その「発音の仕方」も重要かもしれないが、結局は「響きが重要」とも考えられる。

音声学の世界でこの理論の裏付けとして挙げられている有名な例が、日本人が発音を苦手としがちな英語の〝r〟である。ここで、あえてＩＰＡを使わず〝r〟としたのは、この発音の仕方がじつにたくさん存在するからである。

図4－8は、音声科学の黎明期を支えた藤村靖先生の著書で紹介されている例だが、〝r〟の発音が話者によって、さまざまであることが見てとれる。

唇を丸めている人もいれば(例：話者13番、7番)、そうでない人もいる。舌が「巻き舌」になっている人もいれば(例：話者22番、1番)、そうでない人もいる。咽頭(喉のすぐ上の部分)が狭まっている人もいれば(例：話者11番、16番)、そうでない人もいる。しかし、どれも「同じ音」として聞こえる。「どう発音してもいいから、こういう響きを出してね」という音の好例であろう。

響きの大切さがよくわかる例

さらに、「響きの大切さ」を示唆する興味深い例を、先ほどから数回ご登場いただいて

図4–9：「舌を後ろに下げる」代わりに「下顎を押し出す」ことで高音の「お」をつくり出す

いる長塚全さんから最近教わったので、紹介させてもらいたい。歌手のmiletさんは、全体的に個性的な母音の発声をなさっている印象で、その独特の響きが彼女の魅力のひとつとなっている。

ここで、彼女の高音の「お」を発音する姿に注目してみよう。図4-9のイラストのように、下顎が前に出て、しゃくれることがある。なぜだろうか？プロの歌手をトレーニングしている長塚さんいわく、この手法を使う歌手の方々は少なくないらしい。この現象は、いままで説明してきた音声学的なメカニズムを考えると理解できる。読者のみなさまも少し自分で考えてみると面白いかもしれない。

まず、高い音を出すために、miletさんの喉頭はかなり高く上がっていると考えられる。一方で、「お」は「舌を後ろに下げる」母音だった。しかし、miletさんは、「喉頭を上げつつ」「舌を後ろに下げる」ことを嫌がっているのだろう。いや、もしかしたら、舌を後ろに下げる空間がないくらいに喉頭が上がっている可能性もある。

よって、「舌を後ろに下げる」代わりに「下顎を押し出す」ことで「お」の響きをつくり出しているのだろう。「舌の前で響く空間」が十分に大きければ、その空間を確保するためには、舌を後ろに下げようが、下顎を前に出そうが、具体的にどう発音するかは、どちらでもよいのであろう。この観察もやはり、「響きが重要」という説を指示しているように思われる。

関連して、長塚さんに面白いレッスン法を教わった。まず舌を「い」の位置に置く。舌の真ん中を硬口蓋あたり、舌先は下顎につけよう。その舌の形を維持したまま、「あ」「い」「う」「え」「お」と発音してみる。第三章では、母音の区別には舌の位置が重要と説明したが、慣れてくると舌を固定したままでも、けっこう発音の区別ができるようになるものなのだ。

私の感覚では特に唇が普段よりもよく動く。舌が動けない場合、唇で補完しながら、それぞれの母音の響きをつくり出せるのだ、人間は。そして、長塚さんいわく、舌を「い」の位置で固定することで、高音が出しやすくなるらしい。うーん、音声学的にも理にかなった面白いレッスン法ですな。

「大事なのは調音か響きか」という問題に関して、専門的な実験も報告されている。少し簡略化した説明になるが、実験参加者に「え」「え」「え」と発音してもらい、その「え」

「え」「え」の響きを人工的にいじって、参加者には自分の発音が「い」「い」「い」である かのように聞かせる。すると、多くの参加者は、このような状況で「あ」「あ」「あ」と発 音するようになる。

なぜだろうか？　話者としては、「え」と発音しているつもりでも、自分の声の響きが「い」に聞こえる場合、「あ、私の口の開きが十分じゃないから、『い』に聞こえちゃっているのかな。じゃあ、もっと口を開いて、『え』を目指さないと」と考える。この結果、その話者の発音は「あ」に近づく。

つまり、話者にとって大事なのは「どれくらい自分の口が開いているか」ではなくて、「どれくらい口が開いているように聞こえているか」なのだ。

学問的な洞察が現場で活きていた

正直、音声学という研究分野において、「調音と響き、どちらが重要か」という問題には決着がついていない。決着がついていないどころか、大論争となっている議題のひとつだ。

歌手である北山さんは、音声学という分野に足を踏み入れる前から、この「調音か響きか」という問題について考え続け、「やっぱり響きが重要だ」という結論に至っていた。

音声学の内部で議論されている問題を、歌手の立場から考え続けている人がいた事実に、私は痺れた（憧れた）。

たしかに、ハモるためには、「自分の口がどのように動いているか」よりも「他の人たちの響きと自分の声の響きを合わせること」のほうが重要だというのも、さもありなん、と思う。「ときどき意識として、お客さんの耳もとに自分の耳を飛ばして、自分の発音を調整する」などということもおっしゃっていた。

音声学という分野の内部において、熱い議論が交わされている問題について考えることは、純粋に知的な観点から楽しい。楽しいが、「あれ？ これって何の役に立つんだろう？」と思ってしまうことも事実である。

しかし、この問題について歌手として向き合い続けている北山さんに出会い、「自分がいままで研究してきたことって、音声学者たちだけの問題じゃないんだね。ありがとう」と安心したのは、ごくごく自然なことだと思う。

声のプロをも縛る「呪縛」

少し北山さんからは話がそれるが、大事な話なので、ここに差し込みたい。いままで説明してきた通り、人間は非常にフレキシブルに調音器官を操って「似たような響きの音」

を出すことができる。ただ、これがマイナスに働いてしまう可能性もある。

以下で論じる問題意識は、ＮＨＫアナウンス室との交流を通じて私の中で明確になっていったものだ。しかし、ここで前置きとして明言しておくが、この節でお話しすることはあくまで、音声学者である川原繁人個人の考えであり、ＮＨＫアナウンス室のものでも、特定のアナウンサーのものでもない。

さて、これまで本書にも数回登場した高井正智アナウンサーもまた、「音声学の知識がアナウンサーに有用かもしれない」と感じてくれていた。まぁ、これを後押ししてくれたのも、もう言うまでもないかもしれないが、北山さんである――「音声学の知識を伝えたら、アナウンサーさんたちも絶対喜びますって！」。そんな北山さんの言葉を信じ、古くからの友人である高井アナに連絡を取ったら、北山さんの予言通り、あれよあれよと話は進み、何度か私をアナウンス室に招いて勉強会を開催してくれた。

そこで、現役のアナウンサーさんたちから質問や議論したい題材を募集したところ、どうやら「常に○○すれば、声はよくなる」という紋切り型のアドバイスが流布していることが判明した。具体例を挙げよう。
①いわく、声が遠くに伝わるように、常に口は開いて発音するとよい（別バージョン：

口の中に卵が入っている感覚で発音するとよい)。
②いわく、笑顔のように、常に口角を上げて発音するとよい。
③いわく、響きをつくるために、常に唇を丸めて発音するとよい。
④いわく、頭に響かせるために、常に軟口蓋を上げて発音するとよい。
⑤いわく、常に喉を開いて発声するとよい。

私は、これらを「呪縛」と呼ぶことにした。というのも、これらのアドバイスに縛られて思うように発音ができなくなり、結果として自分の発音に悩んでしまう方々が実際にいらっしゃるからだ。「呪縛」と呼ぶからには、私はこれらのアドバイスに音声学的な観点から反論したいわけだ。そこで、こうなる。

①ただし、「い」や「う」のように、口を閉じ気味に発音する母音もあるよね。
②ただし、「あ」や「お」や両唇音は口角を上げて発音するのが難しいかもね。
③ただし、「い」や「え」では、唇を丸めないよね。
④ただし、鼻音の発音には口蓋帆を下げないとダメだよね。
⑤ただし、声を出すためには、声帯を閉じないとダメだよね。

つまり、「常に〇〇」というアドバイスは、「人間は、いろいろな口の形をつくることでさまざまな音をつくり出す」という音声学の基本原理に反しているのだ。

しかし、この反論も、前述のフレキシビリティを考慮に入れると、さらなる反論が予期される。口を開かずに「あ」を発音することも、口を開いて「い」を発音することも我々人間には可能ではなかったのか。

その考え方にも一理ある。しかし、それらは他の調音器官に負担を強いることになりかねない。割り箸を咥えながら「あ」を発音することは可能だ。しかし、実際に試してくださった方は感じたと思うが、舌が不自然に動く気分にならないだろうか。だからこそ、先程述べた呪縛を実行しようとして、現場の方々が悩むのではないか。

「軟口蓋を上げなさい」というアドバイスもおそらく「姿勢をよくして、呼吸を安定させる」というポジティブな効果はあると思う。「咽頭部分(喉のすぐ上の部分)に響きを持たせたい」という感覚も理解できる。しかし、鼻音を発音するときには、軟口蓋の一部である口蓋帆を下げるのは、必須事項だとすら言える。だから問題は「常に」の部分。重要なのは、「口蓋帆を下げないと発音できない音もあるよ」という理解。

私の意見としては、このような呪縛から逃れるためには、前章で説明したような「それぞれの音がどのように発音されるのか」という基本的な理解を持つにこしたことはないと思う。その上で、「どの音にもいろいろな発音の仕方がある」という複数の選択肢を知っておくと、負担が減るのではないか。

「ば」の発音のためには、両唇を閉じる必要があるが、笑顔を保つためにそれが難しいのであれば、唇歯音で代用してもＯＫ！　とにかく、こと発声に関しては「常に〇〇」というアドバイスを耳にしたら、慎重に解釈してほしい。

それぞれの発声の仕組みを理解した上でなら、「遠くに響かせるように、口を広めに開けてみよう」とか「笑顔を伝えるときには、『い』のような口角の形を意識してみよう」というような発声法を試してみるのは、十分にありだと思う。姿勢を整えるために「軟口蓋を上げる」という意識が有用なら、それはそれで結構だ。

ただし、「それぞれの音は、それぞれ発声法が異なる」という点だけは忘れないでほしい。本節で力説したことは、いまのところ音声学者としての私が声のプロたちに伝えたいもっとも大事な思いのひとつである。

川原よ、神社たれ

我々の世代では、スポーツの練習には「とりあえず、うさぎ跳び」という、いまの時代から考えるとパワハラとも捉えられかねない慣習がまだまだ存在していた。しかし、スポーツ科学の発展とともに、我々の筋肉がどのように動き、筋肉を効率的に鍛えるためにはどのようなトレーニングが有効なのかが検証されるようになっていった。同時に「うさぎ跳び」という非科学的なトレーニングは廃《すた》れた。

もしかしたら、歌と音声学にも同じことが言えるのではないか。北山さんにとって、この可能性は大きな喜びだったのだろう。音声や言語の仕組みを知ることで、効率的な歌のトレーニングができるかもしれない。

たとえば、これも長塚さんに教わった方法だが、「ら行」が苦手な人にはどんな訓練が有効だろうか？　口を大きく開けて「あらあらあらあら」と繰り返す。前章で触れた通り、「ら行」は舌先を素早く動かす必要がある。そして「あ」で口が大きく開いていれば、舌先は歯茎に届くまで長い距離を素早く移動しなければならない。

これができるようになれば、他の場面でも舌先がしっかり動いてくれるようになる。これは負荷をかけた筋トレのようなものだろう。日本語のすべての音について、このようなトレーニング法を確立するにはまだまだ時間がかかるとしても、音声学の基礎を知るだけで、いままでになかった選択肢を歌手の方々に届けられるかもしれない。

そんな北山さんの思いを別の歌手の方が証言してくれた——そう、上白石さんである。

先の対談の中で、彼女も「歌うときに、数打ちゃ当たるように練習していたところ、音声学の知識があると、より少ない力で自分の目標に到達できるようになった」とおっしゃっていた。

このシーンの映像はスクショして、授業や講演用にいつでも使えるように準備してある。いや、実際にもう何度か使わせてもらった。正直、世の中の歌手の方々全員に配布したい。次に「音声学って何の役に立つんですか?」と聞かれたら、突きつけてやりたいものだ。幸か不幸か、最近そういう質問をされなくなったのだけれど。

あるとき、とある共著の出版物について北山さんと一緒に取材を受けたことがある。北山さん独特の表現方法なのだが、こう言ってくれた。「歌手の人たちは、川原先生を神社みたいに参拝すればいいのに」。

川原は神さまみたいに偉いのだ、などと言っているわけではない(と思う)。苦しいときの神頼み的に、もし歌っているときに苦しいことがあったら、音声学という観点があれば、もしかしたら何かしらのヒントが得られるかもしれない。そういう意味だと解釈している。もちろん、この記事もスクショして、講演用のスライドに仕込んである。

急に「山寺宏一さんを紹介する」とかいうオファーをもらったときにはびっくりしたが、北山さんと一緒に考えていけることは、いくらでも湧いてきた(し、いまでもこの関係は現在進行形で続いている。し、この関係は将来も続いてほしい)。

誰の役に立つともわからないと思っていながら、自分の好奇心に導かれるまま研究していた音声学のアレとかコレを、プロの歌手としてひとつひとつ吸収し、「僕の歌は、音声学と出会って変わりました」などと言ってくれるのだから、こんなにありがたいことはない。

歌手と音声学者、魂のぶつかり合い

北山さんは、正体を私に明かしてからも、「芸能人だから」などという壁をまったく感じさせず、対等に接してくれた。私にとっては、「ゴスペラーズ」は大学生のときから存じ上げている「雲の上の人」だったのだが、そういうのは嫌だったらしく——本人いわく「社交辞令が苦手……っていうかできない」——すぐさま「同じ土俵で語り合う仲間」として接してくれた。

この態度は、大学教員として見習いたい。教育でも研究でも、学生と接するときには上下関係は取っ払って、対等な関係でいたほうが、私も心地がよいし、よい結果が出る。しかし、同時に北山さんは「僕がゴスペラーズであることで、成し得ることがあったら、そちらも存分に活用してください」とおっしゃる。こちらのお言葉にも甘えることが多く、実際にこれが次の成果につながっていくのだ……。

何を隠そう、「スイッチインタビュー」の声比べ分析のために上白石さんの音声ファイルが送られてきた日、限られた時間の中で、必死に分析していた私の隣にいたのは北山さんである。私の脳みそに糖分を補給するために紅白饅頭を用意し、午後にはカフェインをとれない私のために、温かいそば茶を提供し続けてくれたのは、他ならぬ北山さんである。

私はゴスペラーズにお茶をいれてもらいながら（≒なかばパシリとして使いながら）、上白石さんの音声と向き合っていたのだ。「萌音と千尋の声比べ」なんて攻め気味タイトルを思いついちゃったのも、北山さんが隣にいてくれたからな気がする。なんか、こう考えると人生っておかしなものですね。

第五章 生理学を知り、声と仲良くなる

川原「もし来年の今頃もこうやって一緒に活動していたら、来年も何か企k……」

北山「『もし』ってどういうことですか!?」（わりとマジギレ）

（二〇二三年一〇月、慶應義塾大学で北山さんが講演してくれた際に）

川原「あの、急で申し訳ないんですが、今週末にお時間がございましたら、相談したいことがあるんですけど……急なお願いで、失礼だったらすみません」

北山「失礼とかじゃないです。仲間じゃないですか。当日のお誘いでも平気です！」

（二〇二四年六月、「スイッチインタビュー」のオンエアが近づき、一人で見る勇気が出ずに急に「一緒に見られますか……？」と遠慮がちに誘った際に）

川原「私、他の人だったらなんとか我慢できると思いますけど、家族と北山さんにだけは捨てられたら立ち直れないんで（笑）」

北山「捨てるってなんすか（笑）」

（二〇二四年五月、北山さんが慶應義塾大学湘南藤沢キャンパスで教えている授業にて川原がゲスト講義をした帰り道、とある友人と三人で話が盛り上がった際に）

それは惚気ですか？

まるで惚気《のろけ》であるが、どれも実際にあった我々のやり取りである。「自分の人生に最も影響を与えた人は誰ですか？」と問われたら、「家族と学問的な恩師を除いたら、間違いなく北山陽一さん」と答えるであろう。私も北山さんにとって大事な人になれたと思う。自分で書いていてちょっと恥ずかしくなってきた（照）。

ちなみに、北山さんは私に将来どのような道が開けていくのか——たとえば、「スイッチインタビュー」のような番組への出演依頼など——を次々に予想していっている。いまのところ、その予想が着々と成就《じょうじゅ》しており、私も北山さんも驚いている。またメディアへの出演オファーが少なくない昨今、どの仕事を優先するべきかの相談にも乗ってもらっている。北山さんが私を「神社」と呼ぶのなら、私は北山さんを「予言者」と呼びたい。

というわけで、本章でも私のお相手をメインで務めてくださるのは北山陽一さんです。だって、やっぱり北山さんと積み上げてきたことは一章だけには収まらないんだもん……。

自分を愛すること——川原繁人の場合

とまぁ、二〇二一年に始まり、現在も継続している音声学者と歌手の「魂のぶつかり合い」だが、これがある形で結晶化することになる。

ただ、この事例に関しては、私と北山さんが出会う前から、ふたりとも似たような問題意識を持っていた。その問題意識が議論を重ねることで融合していった、という感じだ。似たような意識を共有していたからこそ、縁が深まっていったのかもしれない。以下の議論は、音声学と関係ない話題に聞こえるかもしれないが、ちゃんとつながるし、大事なことだから少し我慢して読み進めてほしい。

二〇一〇年以降の私にとっての大きな課題のひとつは「自分を愛する」ことであった。現代社会の多くの人に当てはまる気がするが、「自分を愛する」ってとっても難しい。人生で一番長いこと一緒にいるのは、「家族」でもなく「友人」でもなく「自分」であるはずなのに、自分を受け入れることのなんと難しいことか。

アメリカの大学院で博士号を習得し、そのあともアメリカの大学で教鞭をとっていたが、正直なところ、あの競争社会で生き抜くために、かなり自分に無理を強いていた。公の場では語るのが憚《はばか》られるようなつらいこと——いつかは語れるようになりたいな、と思っている——も少なからずあったし、あの頃の私は、控えめに言ってストレスで潰されそうになっていた。

そんな中で、二〇一一年、日本に一時帰国した際、心から尊敬できるヨガの先生と出会うこととなる。彼の名前はカウ先生。二〇二五年現在、Under The Light ヨガスクールで講師を務めている。

カウ先生はとても希有な生き方をしている人だった。たとえば、ヨガ教室に貼ってあった他の先生の「このワークショップでは、魂を浄化します」というポスターを一緒に見かけたときのことである。カウ先生は「そもそも汚れた魂なんてないのよ!」と同僚の先生が考えた企画趣旨の前提そのものを遠慮なく全否定していた。

自由奔放な生き方も含め、私は彼を人間として、尊敬し憧れ続けている。仕事でアメリカに戻らなくてはいけなくなったとき、彼との別れに耐えられなかった私は、カウ先生のレッスンを(もちろん許可を得て)録音させてもらった。一四年以上経ったいまでも、彼の声で瞑想するのが私の日課である。ともあれ、彼のもっとも大切でシンプルな教えは「何があっても、無条件に自分を愛する」ことであった。

「無条件に自分を愛する」——簡単なようでいて、なんと難しいことであろうか。自分でもわかっちゃいるけど、なかなか実践できずにいた(いる)。研究論文を発表しても、他の研究者の論文より劣っているような感覚に襲われ、いくら一般書を書いても、他の書籍と売り上げや評判を比べて、劣等感にさいなまれる自分が常にいる。「この本さえ出版されれば自分は幸せになれる!」という幻想を抱きながら執筆に体力と精神を削る毎日。ところが、実際に出版されても、あまり幸福感が長続きしない(発売後ちょっとだけ続く)。

結局のところ、「〇〇さえあれば、幸せな人生になる」という条件付きの幸せへの願望を持っているうちは、自分は満たされない。そんな自分が本当の意味で人生を楽しむためには、カウ先生の教えを意識として持ち続けるしかない。足りないものを追いかけるのではなく、すでにそこにある自分を大切にするしかない。

さらに、これがもっと切実な課題として私に迫ってくることとなる。きっかけは、娘たちの成長である。成長するにつれ、娘たちも――私と同じように――自分たちを他の子どもたちと比べ、落ち込むことがあった。親としては、心から「そのままの君たちで最高に素晴らしい」と思ってはいるのだが、本人たちは納得できないことがあるらしい。いや、自分だって「川原先生だってすごいですよ」って言われても「私ってすごいんだー」とは思えない性格だから、気持ちはわかる。でも、娘たちには本当に自分を愛してほしい。

それは娘たちだけに限らない。たまに一緒に遊ぶ娘たちの友だちを含め、子どもたち全員に「君たちは無条件で素晴らしい」って伝えたい。でも、この競争社会で、この想いを子どもたちにわかってもらうことが、なんと難しいことか。こんなもどかしさを私は抱え続けて悩んでいた。音声学者として何かできることはないかなぁ……。

自分を愛すること——北山陽一の場合

北山さんは、似たような問題に対して別の角度からもどかしさを感じていた。結論から言えば、彼にしてみれば、「すべての歌は素晴らしい」のである。

音程が多少外れていようが、高音域の音が出にくくなっていようが、声がハスキーになっていようが、伝えたい想いがあって、それが歌となっていれば、その歌は素晴らしいのである。「汚れた魂などない」と言い放ったカウ先生の言葉が思い出される。価値のない歌などないのだ。

しかし、プロ・アマ問わず、歌の世界も自己批判に満ち溢れているらしい。北山さんいわく、「自分には○○ができない」という劣等感から歌と距離をとってしまう人が多いそうだ。我が家の娘たちもそうだが、たいていの子どもたちは歌うことが好きだ。それがいつの間にか、「自分は歌が下手」と思い込んで、歌うことをやめてしまう子が多い。

すべての人へ「歌が上手いとか下手とかいった話の前に、まず歌えること自体が素晴らしいことなのだ」という想いを伝えたい。この北山さんの想いは、私が抱いていた想いと、本質的にかなり近い感触があった。

ふたりの想いが交差する

こうして、我々の想いが交差し、結晶化することとなる。音声学的な観点からすれば、我々が声を出せること自体が奇跡なのである。

声質がどうとか、音の高さの調整がどうとか言う前に、「自分の気持ち」を「声」という媒体に乗せて「相手に伝えられること」、それ自体が奇跡なのだ。そんな仕組みを持った自分の体をまず愛そうではないか。歌の技術の話云々の前に、そこに注意を向けてみようではないか。そんな体を持った自分を愛してみようじゃないか!

こうして、音声学者の川原繁人と歌手の北山陽一が一緒に進むべき道が、一本定まった。「声を出して歌えること」——これがいかに奇跡的なことかを、子どもたちにも歌手の方々にも、世の中の人々全員に伝えること。北山さんと私は、こんな気持ちを抱えての執筆に取り組むこととなった。ただ、どうやったら、我々の想いを世間の人々に伝えることができるのか……我々は大いに頭を悩ませることになる。

長い議論を重ねたのち、この日本には『はたらく細胞』シリーズ(講談社)という先駆者がいるという現実に我々はぶち当たる。人間の体の仕組みを擬人化したマンガ作品で、医学的な専門知識をじつにわかりやすく、かつ、面白く伝えている。

正直、この表現方法を超えられるものが思い浮かばない。だが、超えられないなら、

『絵本　うたうからだのふしぎ』（講談社）の登場人物たち

~~パクれば~~踏襲すればよい。というわけで、『はたらく細胞』を出版している講談社に企画を持ち込んだ。数々の出版社に原稿をボツにされたいつぞやとは違い、私も出版界で多少の実績を積み、かつ今回はゴスペラーズが味方についている。持ち込み企画はすんなり通りました。

そして、絵本発売！

こうして、『はたらく細胞』の絵本を担当している牧村久実《くみ》先生をチームに加え、『絵本　うたうからだのふしぎ』プロジェクトが発足した。擬人化された空気君たちが、少年の体の中に取り込まれ、肺を動かしている筋肉と出会ったり、声帯周りの筋肉と出会ったり、と歌う体の中を旅していく物語である。

絵本のサイン本作成時に北山さんと牧村さん（の分身の「かえる」）と記念撮影

全体を通して伝えたいメッセージはひとつ――「肺を動かして息を吐くこと」「声帯を震わせて音を発すること」「その音が口の中で声になること」、これってすべて、すごいことなんだよ。

絵本は絵本で、是非お手に取ってもらいたいが、絵本では伝えられる情報量には限界がある。というわけで、本章では、まさに声を出せることの奇跡について解説していこうと思う。本章は、ある意味、あの絵本の副読本とも言えるかもしれない。いや、「絵本も買ってね」なんて言ってないからね。あ、でも、絵本を購入すると、北山さんのオリジナルソングもついてくるよ♪

発声生理学の説明を始める前に

というわけで、本章では人間が声を出すときの生理学的な基盤についてお話ししていこう。ただ、この時点で明記しておきたいことが一点ある。じつは、この発声生理学の分野はまだまだわからないことが多い現在進行形の学問だということだ。

「人間が声を発しているときに、どの筋肉やどの骨がどのように動くのか」という問題は、計測が簡単ではないのである。この問題について実験的に検証する場合、筋肉や骨の動きを直接観察したり、電位を使って動きを計測する筋電図という技術が必要になったりするのだが、これらは簡単にできる実験ではない。よって、研究の対象となる話者の数も必然的に限られてしまう。だから、ある発見が、他の人では成り立たないかもしれない可能性も大いにある。

また、話すときの発声と歌の発声では、仕組みが異なる可能性が高い。歌のジャンルによって異なることもあるだろう。本章で紹介したことが、将来、新たな発見によって覆《くつがえ》ることも十分に予想できる。

ただし、「声を発するときの生理学的な仕組みは全体としてどうなっているか」や「これらの仕組みに関して、どのようなことが研究されているのか」は紹介できると思う。本書で基礎を固め、本格的な研究論文に触れて、知見をアップデートしてくれる強者《つわもの》が現れてくれたら、すごく嬉しい。もちろん、声のプロたちが基礎知識として身につけ、実践に役立ててくれても、すごく嬉しい。

縁の下の力持ちとしての「肺」

本題に入ろう。「自分の体ってすごいんだ」——これをもっとも実感しやすいのが、「肺」の動きだと個人的には感じている。言語を離れて一歩引いて広い視点を持って考えてみよう。人間は肺の動きが止まってしまったら、呼吸ができなくなって、すぐに死んでしまう。意識しなくても、そして寝ているときでも、休むことなく常に体内に新鮮な空気を取り込んでくれる肺ってすごいのだ。

そして、人間は、その生命活動の基盤となる呼吸活動の一環としてつくり出される呼気を使って音声を紡ぐことができる。こう考えると、「驚異のリサイクル手法」である。どうせ呼吸しなきゃいけないんだから、そこでつくり出される呼気を使って言葉を話せたら、便利ではないか。

進化論的な可能性として、たとえば右肩に「発話専用の器官」を発達させることだって不可能ではなかったはずだ。しかし、人間は生きるために必要な呼吸の「副産物」として声を紡ぐことができる。この事実もまた、「当たり前眼鏡」を外して考えてみると、驚くほど合理的な仕組みなのだ。そして、肺の動き方をさらに詳細に知ることで、そのメカニズムの緻密さに驚嘆し、感謝を覚えるだろう。

人間は、肺を大きくすることで息を吸い、その肺が収縮する過程で息を吐く。ちなみに、この呼吸の背後で働いている法則は「ボイルの法則」と呼ばれる。いわく、「圧力は容積に反比例する」。つまり肺が広がれば、肺の中の圧力は下がって、結果として、肺に空気が入ってくる。肺の容積が下がると、圧力が上がって、空気は出ていく。私たちが生きていける――そして話せる――のはボイルの法則のおかげなのだ。

さて、この音声発話や生命の土台となっている肺だが、じつは自分自身では動くことができない。その代わり、さまざまな筋肉が肺の大きさを調整して、空気の出し入れをおこなっている。「話せる」ということは、これらの筋肉君たちの共同作業のたまものである。ここで、上白石さんに再度ご登場願おう。彼女は「しゃべるとき より歌うときのほうが必要な息が多い」とおっしゃっていた。

これはまさにその通りで、人間は意識しないで呼吸をしているときには、〇・四～〇・五L《リットル》ほどしか空気の入れ換えをしていない。一方で、意識して呼吸をすると、三～五L程度の空気を出し入れできることがわかっている。つまり、意識的に肺を動かすことで、通常の一〇倍ほどの呼気を生み出すことができるのだ。

では、人間はどのようにして発声や歌に必要な呼気量を確保しているのかについて存分に語っていこうではないか。

筋肉君たちによる共同作業

発話における呼気の仕組みに関する古典的な研究から得られた図5-1を見てみよう。一番上のⒶの部分は「肺の大きさ」を示している（厳密には、その大きさに応じた「空気量」だが、「大きさ」のほうが理解しやすいと思う）。

肺は呼吸をするために常に大きさを変えている――そうじゃないと死んじゃう――ので、Ⓐに示してある線も常に動いている。Ⓐの「0」という値は、「だいたいのニュートラルな肺の状態（≒通常呼吸で息を吐いたとき）」くらいに考えておこう。「0」から上昇するときに、肺が大きくなって、息を吸っている。逆にこの値が下降するときに、肺が縮んで、息が吐かれている。

まず全体像を概観しておこう。Ⓐの左端「吸気」と示してある区間（Ⓑの①の区間）は、「よーし、ここから声を出すぞ〜〜」と準備するためにたくさん息を吸っている状態。そこから「発話（呼気）」と示してある区間が続くが、Ⓑでは②と③に分かれている。②は「吸った空気が（勝手に）出ていっている区間」、③は「肺を自律的に縮めて、さらに空気を押し出している状態」である。こうして発話が終わったあと、また次の「吸って〜吐いて〜」が起こる。

「うーん、ちょっと難しい……」と感じてしまった読者のみなさまもいらっしゃると思

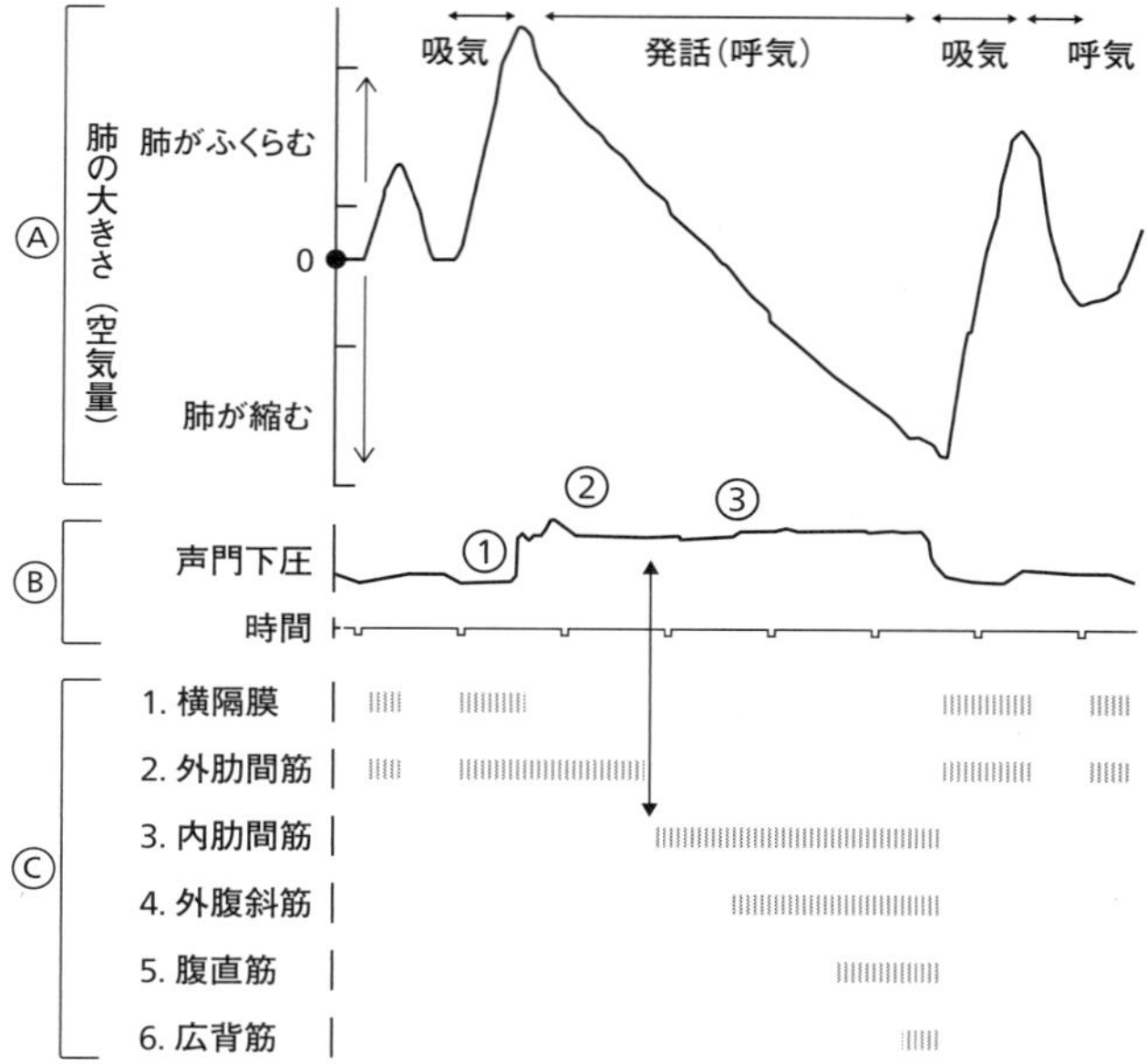

図5–1：呼吸の仕組みとそれを支える筋肉たちの動き

うが、図5－1を歌い手やヨガの先生に披露すると、すこぶる評判がいい。この図を見た北山さんが「なるほど、僕のやっているトレーニングって、②と③の区間を五等分して、それぞれの区間の変化量が同じにできるような訓練かもしれません……」とつぶやいていた。普段無意識におこなっている呼吸について客観的に理解することで、声が出しやすくなるのだろう。呼気量はトレーニング次第で上昇させることも可能らし

推し筋肉は「外肋間筋」。出版文化産業振興財団による「BOOK MEETS NEXT 2024」のイベントで私が言い放ったセリフ

いから、その訓練の理論的な土台として理解しても損はないと思う。

私自身もヨガの瞑想中に、それぞれの筋肉の動きを意識しながら、呼吸の各段階を堪能することがある。それぞれの動きを意識できているとき、自分の呼吸に集中できる（気がする）。そんなわけだから、この図に圧倒されてしまった読者のみなさまも、ぜひ興味を持ってついてきてほしい。

では、それぞれの区間について詳しく解説していこう。①の区間は、発話前に肺を大きくして、空気をたくさん吸っている状態に対応する。ここで、Ⓒを見てみよう。これは、どの状態のときに、どの筋肉が働いているかが1～6の番号の右側の縞模様で示してある。肺の大きさがピークに達するまで、「横隔膜」と「外肋間筋《がいろっかんきん》」が動いているのが読み取れる。

唐突だが、私は「呼吸に関わる筋肉の中で、どの筋肉

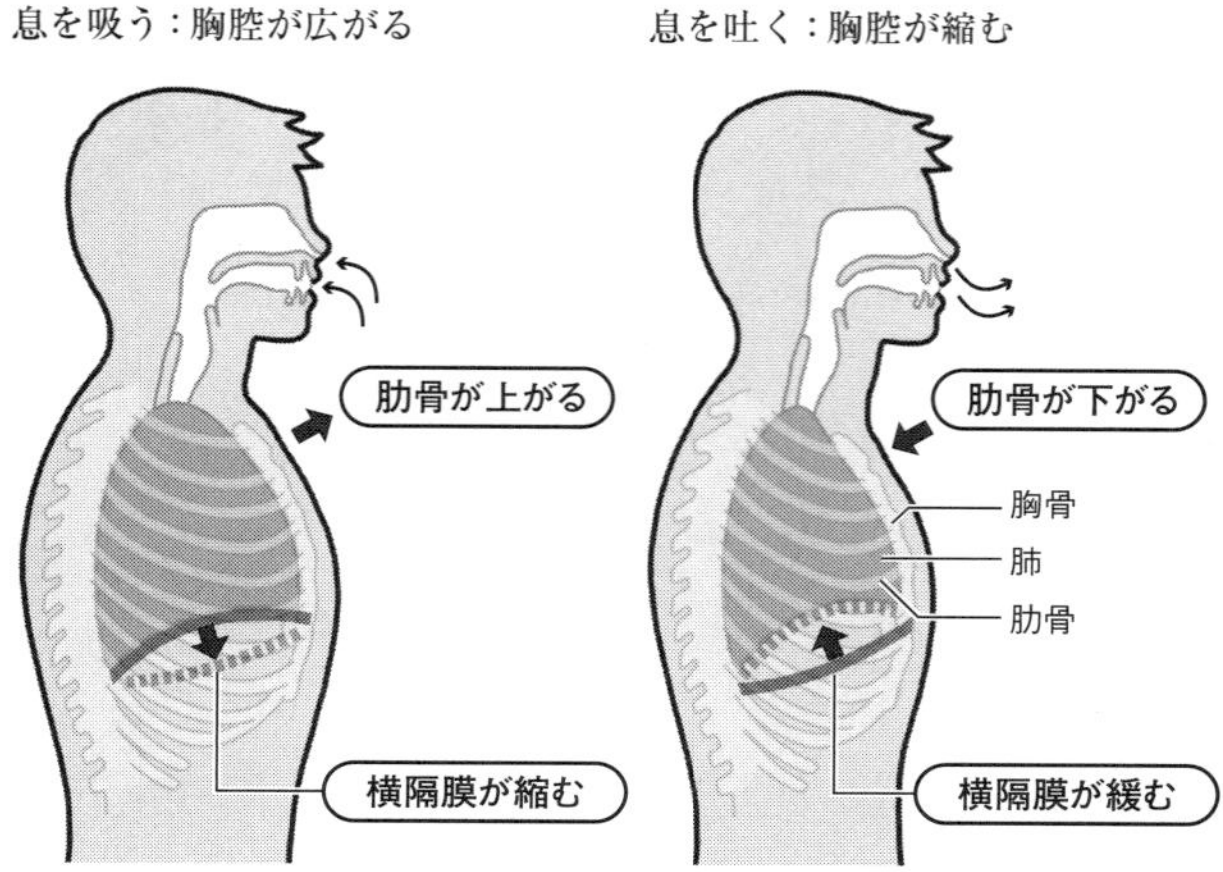

図5–2：肺が膨らむ仕組み

が好きですか?」と問われたならば、「推しは外肋間筋です」と自信をもって言える。理由はすぐに明らかになる。

肺は「胸《きょう》郭《かく》」という骨格に囲まれた「胸腔《きょうくう》」という空間に入っている。横隔膜が縮むと、胸腔が下に拡大し、結果として肺が広がる。外肋間筋は、肋骨を斜め上方向に上げることで胸腔——そして肺——を広げる（図5－2）。

自分で肺の動きを感じてみよう

せっかくだから、横隔膜と外肋間筋の動きを一緒に感じてみよう。まずはお腹に手を当てて、深呼吸。お腹が膨らむのを感じられたと思う。ここで「あれ?」と思った人は鋭い。さっき「横隔膜が縮むと、肺が

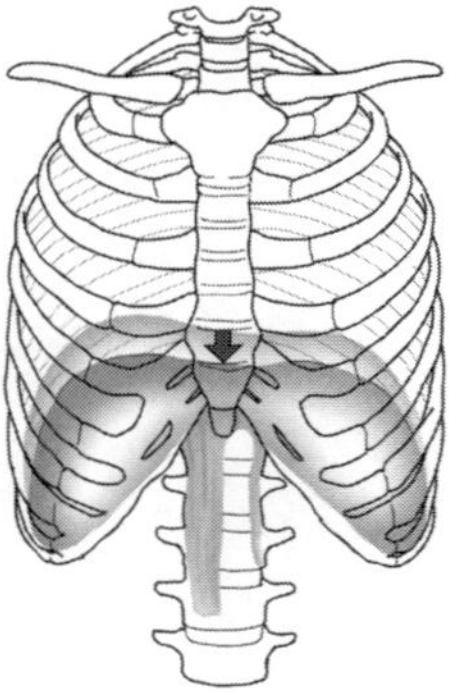

図5–3：横隔膜の動き

広がる」って書いてあったはず。横隔膜が「縮む」のだったら、お腹は凹《へこ》みそうだけど……？　逆じゃない？　学生にも時々聞かれるこの質問、とても鋭い。

しかし、誤記ではない。答えは、「お腹を膨らましている犯人は、横隔膜でなく、その下にいる内臓たち」なのだ。横隔膜が収縮して平たくなると（図5－3）、その下部にある内臓たちが外に押し出される。だから、息を吸うときにお腹が膨らむのだ。

ちなみに、ヨガの先生たちによる瞑想のガイド音声を聞いていると「お腹の底まで空気を入れて〜〜」というセリフが聞こえてくることがある。私の人生を支えてくれているヨガの先生たちにツッコミを入れるのも心苦しいが、正確に言うと、空気はお腹の中には直接的には入らない（もちろん、酸素は血流を通して間接的には運ばれる）。

呼吸時に空気が入るのはあくまで肺。だから、「内臓が横隔膜に押し出されてお腹が膨らむように、胸腔を下方向に膨らませて〜〜」と表現したほうが生理学的には正確だろう。ただ、ヨガの瞑想中にそんなややこしいことを言われても、生徒さんたちは困ってしまうだろうから、この説明に対してツッコミを入れるのも野暮な話であろう。ツッコんだけど。

そうそう、この横隔膜の仕組みを実感するためのよい方法を最近見つけた。お腹いっぱいになったときに、瞑想してみよう（瞑想って何よ？　という人は、ただの深呼吸でもいい）。胃がパンパンになっていると、横隔膜が下げられず、呼吸しづらい、つまり瞑想しづらい。「ヨガの直前には、食事を控えて」という前々から聞いていたアドバイスの意味が、音声学の本を書きながら実感できた瞬間である。

おそらくこれは、歌い手にも通じるアドバイスだと思う。横隔膜をしっかり使って呼吸する必要がある場合、胃の中身はほどほどにしておこう。また、同じような理由で、妊娠中の方も横隔膜が使いづらい――そして、結果として声が出しづらい――ということも大いにあり得る。もし、声が出しにくくて悩んでいる妊婦さんがいらっしゃったら、それはあなたのせいではない。横隔膜の動きにくさが原因である可能性が高い。

なぜ外肋間筋を推すのか

次に、私の推し筋である「外肋間筋」の働きについて語らせてもらおう。この動きを感じるために、左右の肋骨に両手を当てて、深呼吸をしてみよう。肋骨が斜め上のほうに広がるのが感じられないだろうか？　この動きによっても、肺は大きさを広げることができる（図5－4）。

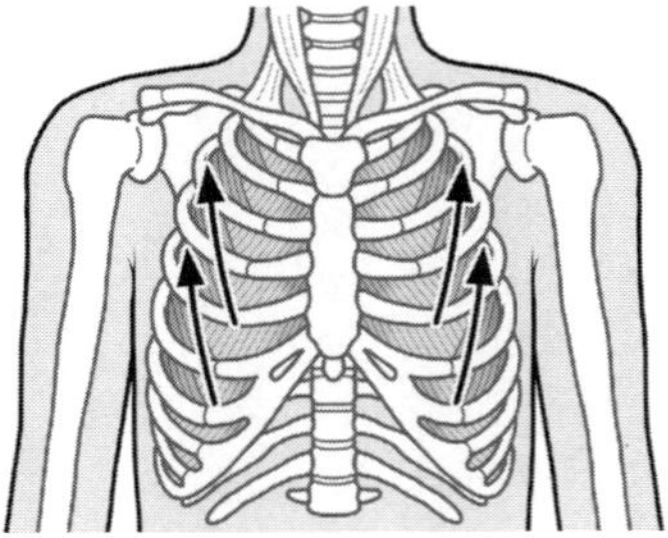

図5–4：外肋間筋の動き

ちなみに、歌の世界の一部の方々は肋骨を動かす呼吸方法に対してずいぶん批判的で、「肋骨は動かさずに、お腹だけで呼吸しなさい」と言われることもあるらしい。これはこれで理由のあることかもしれないが（詳細は後述）、少なくとも一般的な発話では、外肋間筋も呼吸を支えてくれている大事な筋肉だ。こんなに頑張ってくれているのに、一方的に批判されてなんだか可哀想に感じてしまうのが、私がこの筋肉を推す理由のひとつである。

私が外肋間筋を推す理由がもうひとつある。図5－1に戻ろう。肺がもっとも大きくなったあと、肺は自然に縮んでいく。これがⒷの②で表した区間だ。肺は口を縛っていない風船のようなもので、広がったら勝手に縮む性質を持っている。ここで筋肉の働きを示したⒸに注目すると、外肋間筋がこの②の区間でも働き続けていることがわかる。

つまり、外肋間筋は「膨らんだ肺からゆっくり呼気が出ていくように調整する役割」も

頑張る外肋間筋君たち

持っているのだ。つまり、②の区間では「吐く」という意識がなくても、勝手に空気は出ていってくれ、外肋間筋がその呼気量を調整してくれているのだ。

この解説を聞いた北山さんは「そっか、②の区間では吐くという意識を捨てた歌い方を試してみよう」と目を輝かせていた。歌う人は、ぜひ試してみてほしい。

もちろん、その方法が「正解」とは限らない。②の区間でも「吐き出す」という意識を持ったほうが歌いやすい人もいるかもしれない。この感覚は、歌い方や声域によって異なる可能性だってある。ただ、「②という自動的に空気が吐かれている区間が存在する」という意識を持つだけでも、新たな選択肢が加わるんじゃないかな。

ちなみに、私はこの外肋間筋の働きを擬人化して想像するのが好きだ。肺という名の大きな風船がある。この風船からは何本かロープが伸びていて、風船が一気にしぼまないように、そのロープを外肋間筋君たちが必死で引っ張っている。そのロープを引っ張りながら「おい、肺、ゆっくり縮むんだ。ゆっくりだぞ。そうやって呼気を産出するんだ」と頑張っているのが外肋間筋君たちなのだ。

こんな筋肉に萌えずにいられようか。私は萌える。萌える萌えないはさておき、肺を広げるとともに、その広がった肺がもとの大きさに戻るまで収縮のスピードを抑え、それによって発話に必要な呼気を担保してくれるのが外肋間筋。いや、やっぱり萌える。

呼吸とは全身を使ってするもの

最後に図5-1の③の区間について説明しよう。ここでは、肺が平常状態に戻ったあと、肺をさらに収縮させて呼気を創出している。もちろん、この前に息継ぎをして、新たな空気を体内に取り入れることも可能だ。しかし、息継ぎしたくないこともあろう。そんなときには、肺を自発的に縮めて空気を絞り出すことができる。

この動きのために、まず働いているのが内肋間筋《ないろっかんきん》。これは肋骨を押し下げることで、肺を縮める。そのあとに働いているのが、外腹斜筋《がいふくしゃきん》や腹直筋《ふくちょくきん》などお腹の筋肉、さらに背中の広背筋《こうはいきん》も働くことが見てとれる。図5-1に示してある筋肉だけでなく下後鋸筋《かこうきょきん》、内腹《ないふく》斜筋《しゃきん》、腹横筋《ふくおうきん》、胸横筋《きょうおうきん》など、さまざまな筋肉も呼気の生成に一役買っているとされている。

まとめると、呼吸において、お腹の筋肉・肋骨周りの筋肉・背中の筋肉すべてが活躍しているのだ。図5－1を理解すると、呼吸とは「全身」を使ってするものなのだ、というメッセージが具体的に伝わるのではないか。

ヨガでは「完全呼吸法」という「腹」「胸」「背中」すべてを使った呼吸法を練習することがある。この「完全」の部分が具体的に何を意味しているかが読者のみなさまに伝わったのなら、カウ先生の弟子として大変嬉しく思う。

胸式呼吸は本当にダメなのか？

さて、肋間筋について散々語ってきたわけだが、この点に関して腑に落ちていない読者のみなさまもいらっしゃるのではないだろうか。音声学者として、歌に関わる人たちと呼吸についてお話しすると、ほぼ必ず「腹式呼吸」と「胸式呼吸」についての議論になる。

これらはどこまで客観的に定義された用語なのかはわからないが、横隔膜主導の呼吸を腹式呼吸、肋間筋主導の呼吸を胸式呼吸と呼んでいるのだと考えられる。そして、「歌うときには肋骨を動かさないで、あくまで腹式呼吸で！」という指導がなされることがあるらしい。私は歌唱の専門家ではないから、以下のお話は、あくまで音声学者としての「外部からの感想」程度に聞いてほしい。

まず、歌唱時に腹式呼吸が勧められるのは、根拠のないことではないかもしれない。横隔膜を含めた腹筋群は力強く、安定してかつ繊細な呼吸の制御に役立つので、腹筋群主導のほうが肋間筋主導よりも呼気が安定するという話は、少なくとも経験知として、聞いたことがある。

加えて、図5-1を紹介すると、②の区間でも横隔膜の動きを感じると言う歌い手さんがけっこういらっしゃる。「吐く」ときにも「お腹の支え」が重要とのこと。つまり、「吸う区間」だけでなく「吐く区間」でも横隔膜が肺の収縮をコントロールし、そのことで安定した呼気を得ているのだろう。

さらに、肋骨は喉頭の近くに位置していることから、肋骨が動くと、喉頭の動きに影響してしまうので避けるべき、という声を聞いたことがある。声の高さや声質は喉頭でコントロールするものだから、喉頭の動きに影響する可能性がある肋骨はできるだけ動かしたくない、という気持ちもわからなくはない。

ただし、少なくとも平常時の会話では、肋骨の動きも大事な役割を担っていることは間違いない。肺を広げ、しかも、その収縮スピードを抑える外肋間筋の働きは、先ほどしつこいくらいに強調した。また、腹式と胸式も、どちらか一方に完全に絞らなければならないわけでもない。言い換えれば、両方使った「胸腹式呼吸」が自然だとも言えるし、そもそも「腹式と胸式の割合」には個人差があるらしい。つまり、それぞれの人にあった呼吸法があるわけだ。

これらのことを考えると、歌う人であっても「肋間筋を使うことで呼気を確保できる可能性」を知っておいても損にはならないのではないかと思う。そして、選択肢のひとつとして肋間筋を使う方法も試してみてはいかがだろうか、と謙虚に提案してみたい。その上で、「やっぱり肋骨を動かすと呼気や喉頭がぶれるから嫌だ」と感じるなら、それに対して反論するつもりはない。

また、「どんな歌い方をするのか」という要因も考慮に入れるべきかもしれない。たとえば、踊りながら歌う人やミュージカルで歌う人たちは、お腹をひねったりすることもあるだろうし、そうすれば、腹式呼吸だけで呼気を確保するには負担がかかることは想像に難くない。

一方的に胸式呼吸を否定せず、いろいろな選択肢を持っておく、というのはひとつの方向性になると思う。もちろん、そのための練習として、腹式だけを意識したり、胸式だけを意識して呼吸してみたりすることだって、意義のあることだと思う。

やっぱり肺は偉大なり

じつは図5－1に関して、しれっと解説を後回しにした用語がある。図5－1Ⓑの「声

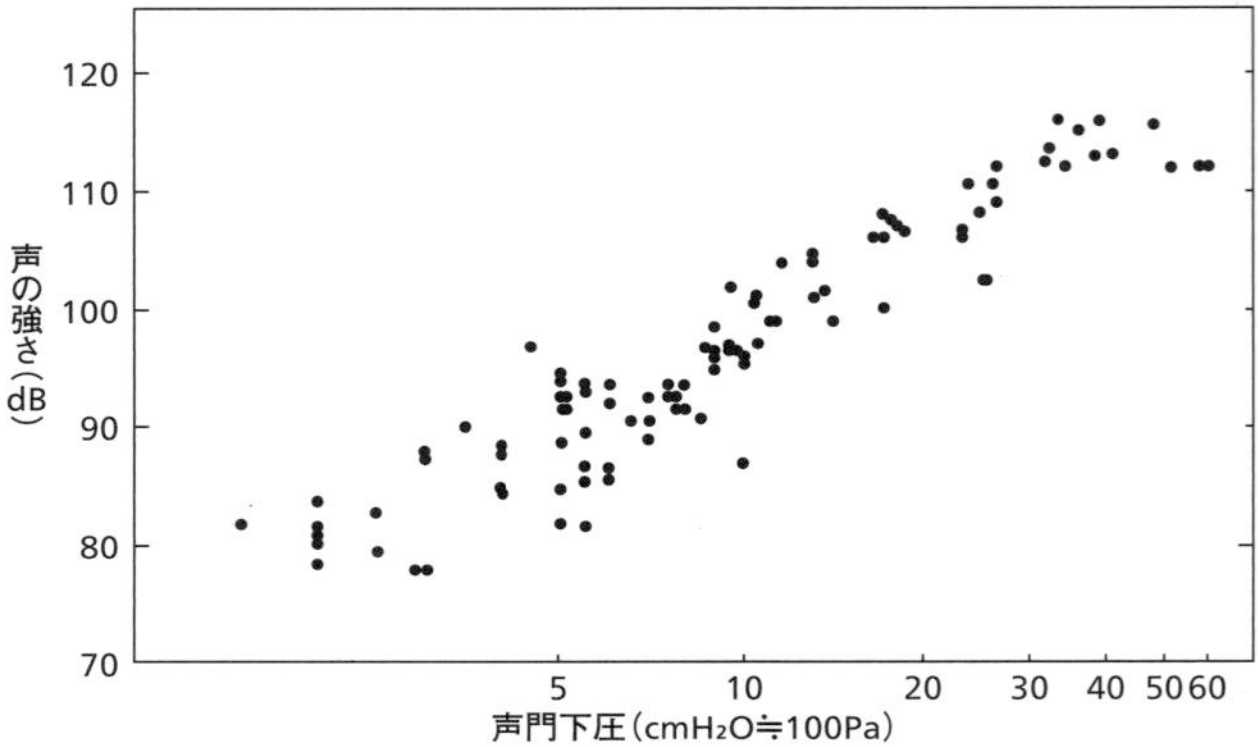

図5–5：声門下圧と声の強さの関係

門下圧」である。声楽の世界ではよくキーワードとして使われるらしいので、少しだけ解説しておこう。

「声門」とは、左右二枚の声帯の間の空間を指す。よって「声門下圧」とは、「声帯の下の空間の圧力」くらいに理解してもらえればよいだろう。これが十分に高いと声帯が振動してくれる。そして、人間の「声の強さ」は、この声門下圧に比例する(図5－5)。

要は、肺をぐっと収縮させて声門下圧を高めれば、大きな声が出るし、小さな声を出すためには、声門下圧の上昇を抑える必要がある。また、「大きな声」だけでなく、「高い声」で安定して発声するためには、声門下圧を高めにすることが有用だとも言われている。まとめると、声の強さを調整したり、高い声を出すときに役立ってくれたりしているのも、また、肺の偉大な働きなのである。

ただし、この点に関しても注意書きが必要だ。声門下圧が上がれば大きな声になることは事実なのだが、ボイストレーナーの長塚さんによれば、もともと声が小さい人が、無理して吐く力だけを強めようとすると、妙に力んでしまって逆に声が出なくなることもあるし、声帯を痛める原因にもなりかねない。

前述の通り、呼吸は全身を使っておこなうものだから、まずは姿勢を正して力まずに呼気を確保できるようになることが、重要な第一歩なのだそうだ。

喉頭からわかる人間のすごさ

肺の偉大さは十分に伝わっただろうか？　そして、次に控えしは「喉頭」である。肺から送り出された息は、「声帯」というヒダを振動させることで、私たちの声のもとになる音をつくり出す。声帯は喉頭に入っていて、この喉頭の仕組みもまた、肺に劣らず驚くべきものである。

私の授業では、学生たちに喉頭の紙の模型を実際に組み立ててもらうことで、喉頭の構造を理解してもらうようにしている。ただ、そんな授業中「こんな複雑な模型、組み立てられない」と文句を言ってきた学生がいた。

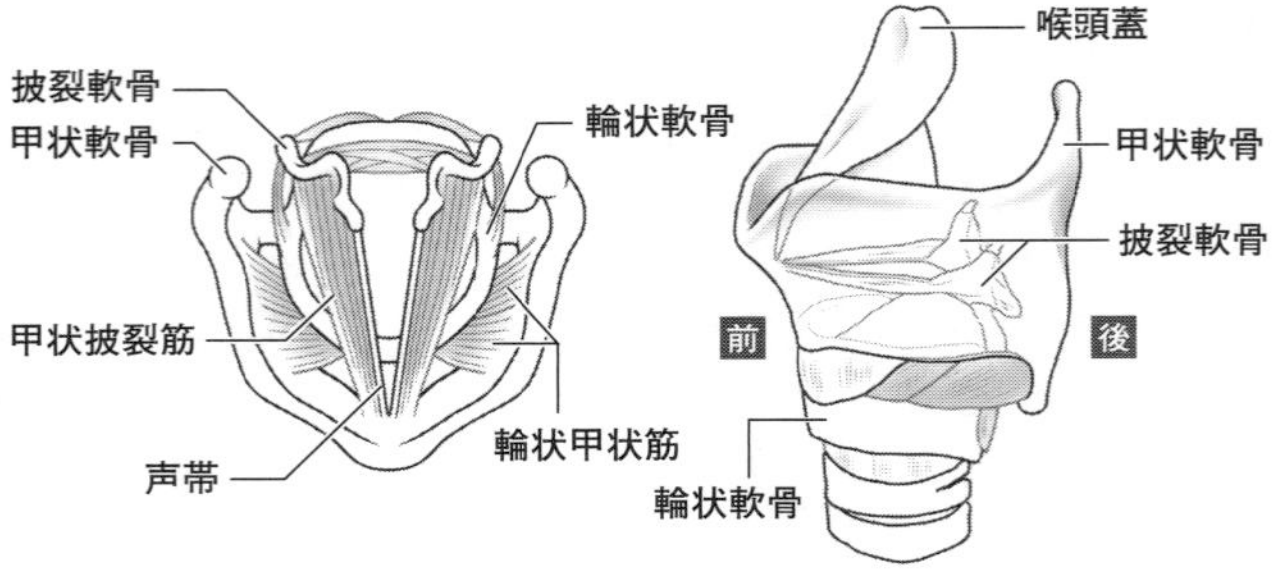

図5–6：喉頭を構成する軟骨たち（右）、喉頭を上から見た図（左）

たしかに工作が苦手な人にとって、模型の組み立ても簡単ではないかもしれない。しかし、我々人間ひとりひとりがそんな複雑な喉頭を体内に持っているのだ。「こんな複雑な模型、組み立てられない」という文句だって、君の体の中に喉頭が入っているからこそ先生に伝わるのだよ……。

学生からのこういう文句を聞いてなお――いや、こういう文句を聞ける瞬間こそ――「やっぱり、人間ってすごい」と感心してしまう。実際に模型を組み立ててみて、「人間すげぇ」というコメントをくれた学生もいる。人間すげぇ、のである。

では、そんな「喉頭」の構造を見ていこう。まず、喉頭は四つの軟骨から構成されている（図5－6右）。一番わかりやすいのが「甲状軟骨《こうじょうなんこつ》」。これは自分の喉を外側から触ってみると感じられる、いわゆる「喉仏」の部分のこと。

ものを飲み込むときに上下するので、位置を感じられにくい人は、喉全体に手を当てて飲み込む動作をしてみるとよい。図5-6左からわかる通り、甲状軟骨は上から見るとV字型をしている。この甲状軟骨の下には、土台となる「輪状軟骨《りんじょうなんこつ》」がある。輪っかの形をしていて、指輪のようにも見えるので、こんな名前がついている。

次に、輪状軟骨の背中側に「披裂軟骨《ひれつなんこつ》」というピラミッドのような形をした軟骨が左右にひとつずつついている。最後に、「喉頭蓋《こうとうがい》」という蓋が上部に存在する。

声帯を開け閉めするための仕組み

図5-6左に見られるように、披裂軟骨から甲状軟骨の内側につながっているのが「甲状披裂筋」で、その内側部分が、いわゆる「声帯」である。声帯は左右一枚ずつ存在するが、振動を起こすためには、この二枚が十分に近づいていなければならない。よって、声を発しているときには、基本的には声帯はお互いに近づいている。

しかし、[p]、[t]、[k]、[s]といった無声子音(≒清音)を発声するときには、声帯を振動させないために、左右の声帯を開かなくてはならない。ひそひそ声で話すときもまた、声帯は開き気味で発音される。呼吸するときにも、声帯は開いている。

また、声帯同士をぎゅっと閉じすぎても声は出ない。つまり、声を出すときには「絶妙な度合い」で声帯が近づいているのだ。これだけ自由自在に声帯の開け閉めを操れることもまた、人体の妙と言わざるを得ない。

さて、声帯の開け閉めを司る仕組みだが、ここで読者のみなさまに正直に告解しなければならないことがある。声帯の開け閉めの仕組みを、書き言葉で平易に解説しようと、私は頑張った。生理学を専門とする先生や長塚さんと相談しながら、何とかわかりやすく、かつ正確に伝える方法はないかと模索した。ストレスで白髪が何本も増えるくらいに何日も試行錯誤を繰り返したのだが、断念することとした。

声帯の開け閉めの鍵を握っているのは、披裂軟骨の動きだ。これが、「滑走」「外内転」「揺動《ようどう》」することで声帯が開いたり閉じたりしている。しかし、披裂軟骨のこれらの動きは三次元的であることもあって、どうやって図にしてみても、新書という媒体で正確にわかりやすく伝えるのが難しい。

というわけで、ここは潔《いさぎよ》く、私の力不足を認めようと思う。「ここまで私たちの好奇心をくすぐっておいて、それは無責任だ！」という熱意のある方には、参考文献を挙げておくから、そちらを参照してほしい。そして、二次元の文字で説明するのが無理でも、動画でなら説明できるかも、と長塚さんが協力してくれた。その解説動画に興味がある人は、私のホームページに本書のサポートページを用意したので参照してほしい（ＱＲコードは二五九ページ）。

ともあれ、こんな告解からも、「声帯を開け閉めしながら、いろいろな音の声を出すことができる」と言っても、ひと言では片付けられない緻密な仕組みが、私たちの喉の奥に潜んでいることが伝わるのではないか。「あさ [asa]」と発音するだけでも、[a]で声帯は閉じ、[s]で声帯は開き、次の[a]で再び声帯は閉じる。朝起きて、「あさ」と言えたら、自分の中の喉頭の中の筋肉君たちにまず感謝。

声帯が振動して音をつくり出す

ここで突然ですが、質問です。「声帯は一秒に何回ほど振動するでしょうか？」。

声帯の振動数は、人それぞれだし、単語のアクセントや文のどこに現れるかによっても大きく影響されるので、一概には言いにくいところがある。しかし、日常会話では、だいたいの目安として、大人の男性では毎秒五〇〜二〇〇回ほど、大人の女性で毎秒一〇〇〜三〇〇回ほど、子どもでは、毎秒四〇〇回以上振動することも珍しくはない。歌声ではもっともっと高い声を使うこともある。

ちなみに、「この一秒に何回振動するか」という単位にはHz《ヘルツ》が使われることは前にもお話しした。ともあれ、ここで注目したいのは、声帯は毎秒「数百回」も振動を繰り返して

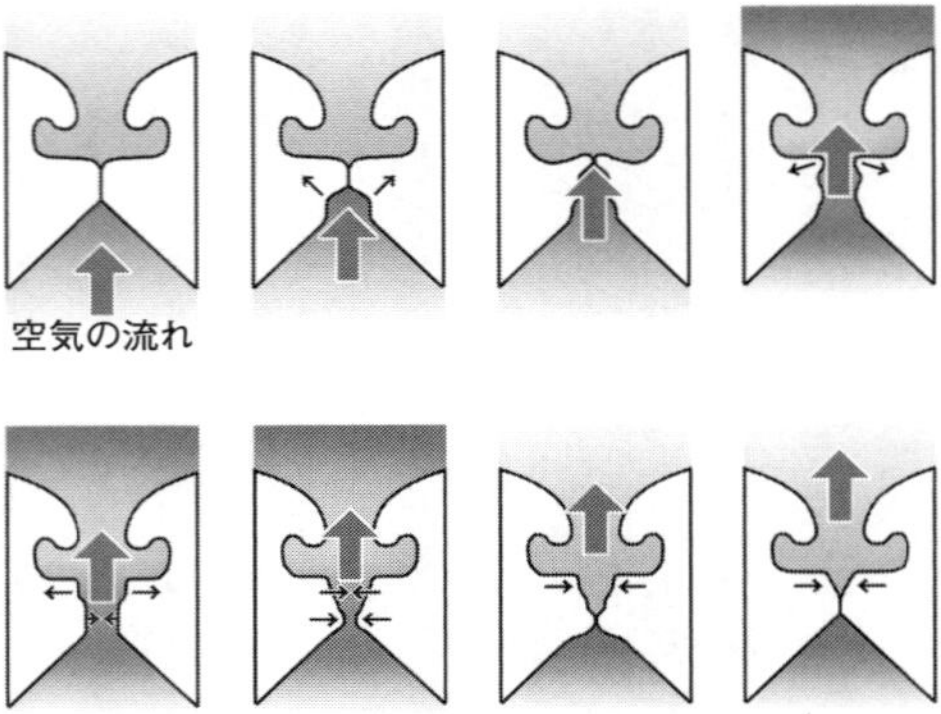

図5–7：声帯振動の概略図。色の濃さは圧力の高さを表している

いる、ということ。なぜこんなことが可能なのか。

まず、先ほど説明した通り、振動するためには左右の声帯が十分に近づいてなければならない。そして、下から流れてきた空気が閉じた声帯を——最初は下部から、そして上部も——押し開く(図5‐7)。しかし、押し開かれた声帯が、吹き飛ばされっぱなしで、再びくっつかないと「振動」にはならないから、声帯はすぐさま閉じなければならない。

この声帯を閉じるときに働いている原理のひとつが「ベルヌーイの定理」。いわく、「気流の速度が上がると、圧力が下がる」。押し開かれた声帯の間に空気が流れると、声帯間の空間の圧力が下がり、これによって左右の声帯が——またしても、下部から上部へと——お互いに引

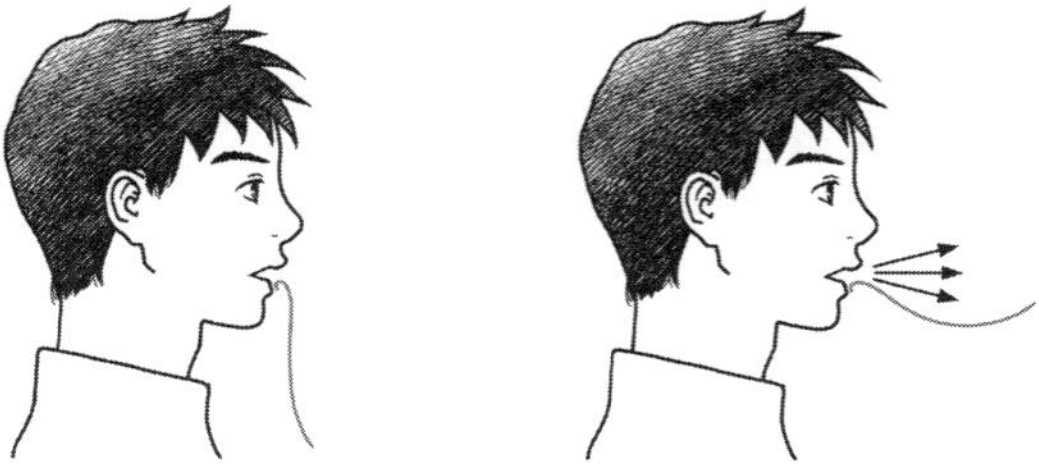

図5–8：ベルヌーイの定理を実感できる方法

っ張られる。

ベルヌーイの定理の働きは、自分で簡単に実感できる。図5-8のように、まず、口の前にティッシュや薄い紙を垂らしてみよう。そして一気に息を吐く。すると、ティッシュが自分の息に吸い寄せられるように浮いてくる。空気が流れると、その流れに対する垂直方向の圧力が下がり、まわりのものが引き寄せられるのだ。また、開いている窓にかかったカーテンが、風が吹いたときに、外側に吸い寄せられて張り付くのはイメージできるだろうか？　これもまた、ベルヌーイの定理である。

ただし、声帯をくっつけるために働いている力はベルヌーイの定理だけではない（昔、そう思われていた時期もある）。声帯自体にも弾性を持ったバネのように、押し広げられたあと、元に戻ろうとする力が働いている。さらに、声帯が振動を繰り返せるのは、声帯自体が複雑な多層構造を持っていることのおかげであることもわかっている。

小難しい話になったが、ひと言でまとめると、ベルヌーイの定理という物理法則と、弾性のある多層構造を持った声帯の性質が相まって、声帯振動が可能になっているのである。

なぜ声帯は素早く振動できるのか

さて、声帯は「一秒間に何百回」という回数で振動しているのだが、いま一度この回数について思いを馳せてみよう。ここで、両手を合わせて、お互いにできるだけ速くこすり合わせたとして一秒間に何回できるだろうか？　何百回もできた人はいないだろう。

声帯は毎秒何百回もこすれ合っている。しかも、両手をこすり合わせた人は、数回だけで摩擦による熱を感じただろう。何百回もこすったら、摩擦によってお肌が傷つくことは日の目を見るより明らかだ。なぜ、声帯は毎秒何百回という速度で振動できるのか……。しかも、それを何分も続けることができるのか？

声帯が素早く──そして傷つくことなく──振動するためには、声帯が「潤っていること」が決定的に大事である。喉が渇くとしゃべりにくい、というのは誰しも経験したことがあると思うが、その原因はここにある。また、寝起きは声が出にくいが、これは寝ている間に多くの汗をかくため、声帯を含め体全体が脱水していることもひとつの原因になっている。

疑り深い聡《さと》い読者の方は「でも、声帯が入っている喉頭って、食道とは分かれているから、水分をとっても、喉頭に直接水は入らないのでは？」と思うかもしれない。しかし、喉頭には、声帯を潤す粘液を分泌する「喉頭腺《こうとうせん》」という器官が存在するらしい。そして、この喉頭腺は、喉頭入口付近の湿度が高いとよく働いてくれるそうだ。つまり、しっかりと水分を摂取することで、声帯が潤うというのは生理学的にも理にかなったことなのである。

余談だが、「タバコは声に悪い」と言われるが、これはタバコが喉頭を乾燥させてしまうことも一因であろう。加えて、タバコは血管を収縮させ血圧を上昇させ、振動時に声帯にダメージを与えてしまうこともある。また、タバコによって圧力を感知する受容器が壊れてしまうこともあるそうだ。これらを考えると、少なくとも、タバコが声によい、ということはなさそうだ。

飲酒によって声帯が腫れる人もおり、腫れた声帯がこすり合えば、それが傷の原因になることもある。ただ、飲酒による声帯への影響は個人差があるらしい（飲酒への耐性の個人差は、声帯に限った話ではないので、納得しやすいと思う）。

また、風邪を引いたときに声帯が腫れてしまうこともある。すると普段のように声帯が振動しないため、声が出なくなることがある。こういうときに無理に声を発すると、声帯が荒れてしまう可能性があるので、風邪を引いたらおとなしく声帯を休ませることも重要だ。

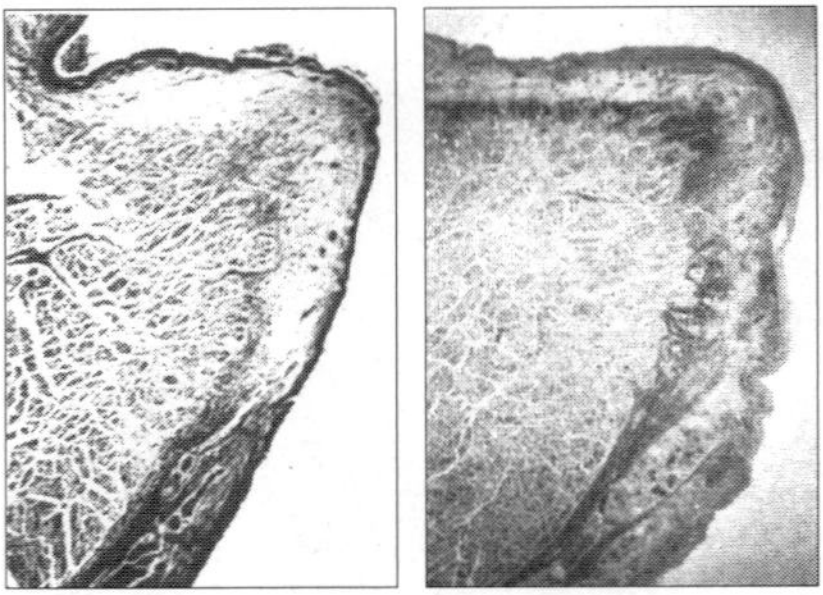

図5–9：4歳男子（左）と54歳男性（右）の声帯表面の比較

声帯も疲労する

声帯のケアの大切さをさらに理解するために、図5–9を見てみよう。左が四歳の男の子の声帯の表面、右が五四歳の男性の声帯の表面である。やはり、年をとると声帯は荒れてしまう。これはある程度、仕方がないことであろう。表皮だって、年をとれば荒れてくるわけで、だからこそ、お肌の手入れが大事なのだ。

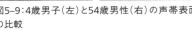

でも、それと同じくらい、「声帯のお手入れ」も大事なことなのかもしれない。声帯は目に見えないから、忘れちゃいがちだけど、声を大事にしたい人には忘れないでほしい。特に声のプロの方々の中には、俳優さんが肌のお手入れを大事にするくらい、声帯のお手入れを大事にしている人も多いんじゃないかな。

また、声帯も疲労する。ひとりカラオケのようにずっと声帯を酷使しているのは、全力疾走を続けているようなもの。たとえば、平均二〇〇Hzの声で一〇分歌いっぱなしだったとしよう。二〇〇Hzだと、一秒に二〇〇回、つまり一分に一万二〇〇〇回ぶつかり合うことになる。それを一〇分続ければ、一二万回。こうやって具体的な数字を考えると、保湿を心がけて、声帯を休息させる時間をとることの重要性が伝わるかもしれない。

声帯について、最後にもうひとつだけ。女性の声のプロたちとお話ししていると「なぜか声が出しにくい時期がある」という悩みを聞くことがある。特に風邪を引いているなどの原因があるわけでもないのに声が出しにくくなってしまうと、不安になるだろう。

しかし、これもまた人間として——というか、動物として——自然なことなのである。人間の女性は、排卵周期によってホルモン分泌のパターンが変化し、これによって声帯周りの粘液の分泌度合いが影響を受けることがある。排卵期や月経直前期には、これが原因で声質の変化が起こる場合があり、とくに月経直前期には声帯が乾燥しやすく、声が出にくいと感じる女性は少なくないそうだ。

排卵周期が声質に影響を与える可能性があることを知っていると、声を使う仕事をしている女性たちは、悩みが軽くなるかもしれない。声がかすれてしまうのは生物学的には自然なことで、その時期にサイクルがあることを知っていれば、「あー、あれね。時期が終わったら、ちゃんと私の声は戻ってくる」と思えるかもしれない。音声学者としては、そういう風に気が楽になってくれる人がいたら嬉しく思う。

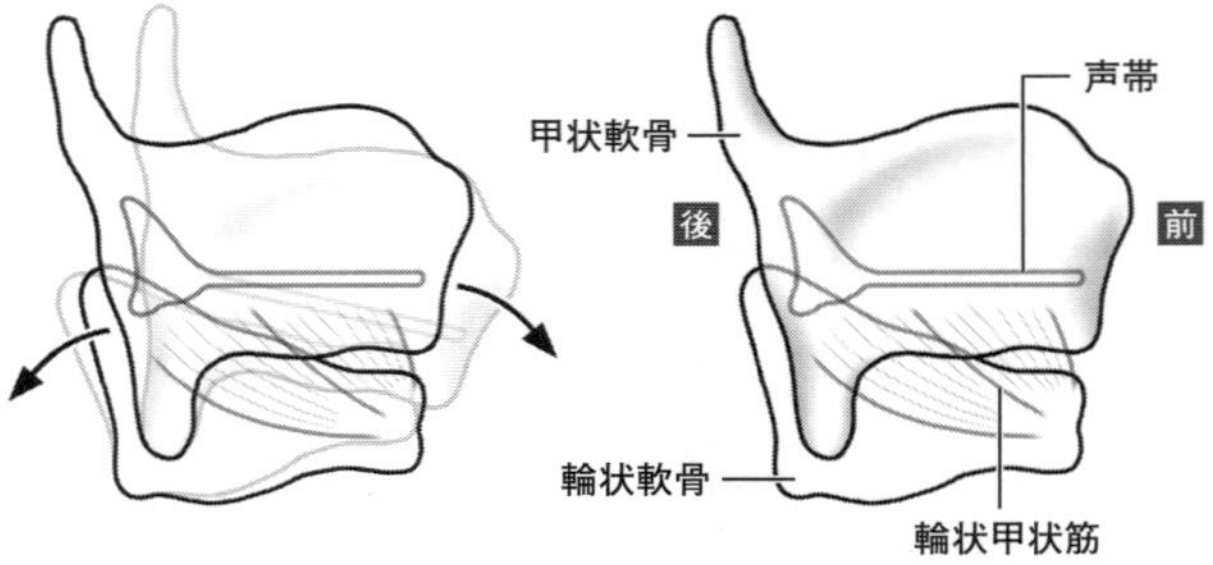

図5–10：輪状甲状筋の働き

声の高さの調整法

声の高さ——つまり、声帯が一秒に何回振動するか——を決めるのも声帯の大事なお仕事だ。声の高さには三つの要因が関わっている。

まず、第一の要因は「張力」（＝どれだけピンと縦方向に張ったか）。声帯は張力が上がると、その振動数が高くなり、声の高さが上がる。これはギターの弦を想像すればわかりやすいと思う。ピンと張った弦は高い音を出し、たるんだ弦は低い音を出す。

二番目の要因が、「声帯の長さ」。声帯は（他の条件が一定であれば）、短ければ短いほど、声が高くなる。これは、子どものほうが大人よりも声が高いことからも感じられると思う。体が成長し、声帯が長くなるに従って、声は低くなる。また、一般的に女性のほうが男性よりも声が高いのは、体が小さく、同時に声帯も短いから（いや、でも、この点に関しては留意すべき点があるので、あとで補足する）。

三番目の要因が、わかりやすく言うと「厚ぼったさ」。厚ぼったい声帯からは低い音が出る。太いギターの弦と細いギターの弦を想像してみると、後者のほうが高い音が出ることは想像しやすいと思う。

では、実際に人間はどうやって声の高さを調整しているのだろうか。この調整にもさまざまな筋肉が使われることがわかっているが、声の高さを上げる筋肉としてよく知られている筋肉は、「輪状甲状筋《りんじょうこうじょうきん》」というもの。

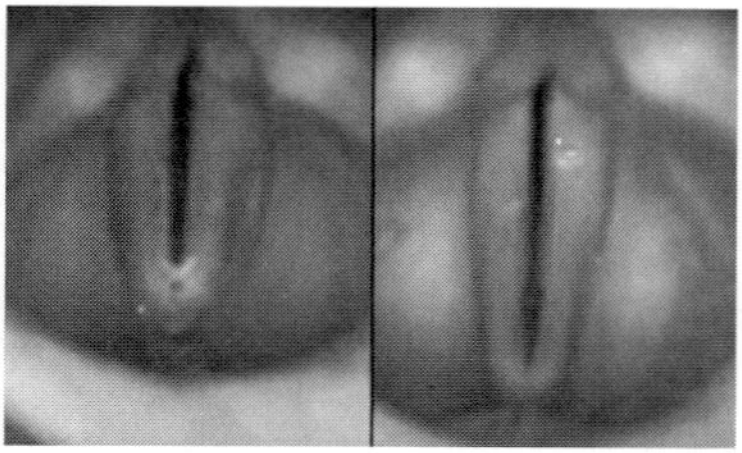

図5-11：右は高い声を出すために引き延ばされた声帯。左は低い声を出しているときの声帯

この筋肉は、輪状軟骨と甲状軟骨をつないでいる（図5-10右）。この筋肉が収縮すると、甲状軟骨は下前方に傾き、輪状軟骨は後ろに傾く（図5-10左）。結果として、声帯は引っ張られ、声の高さが上がる（図5-11）。この働きは、裏声など高い音域で特に重要な役割を担うとされている。

ここで注意したいのは、輪状甲状筋の働きによって声の高さが上がるのは、「張力が上昇するから」であって、「長さが長くなった結果ではない」ということ。だって、さっき「長いほうが低い声が出る」と言ったばかりではないか。

そう、輪状甲状筋の働きによって、声帯は長くはなるものの、張力が上がり、後者の影響のほうが大きいため、声が高くなるのだ。ここは試験のひっかけ問題に使えそうだから、音声学の試験を受ける人は注意が必要だ。

また、甲状披裂筋《こうじょうひれつきん》（図5-6左）も声の高さの調整に一役買っている。特に、地声区間では、甲状披裂筋の収縮が、声の高さの上昇に深く関わっていると言われている。どの筋肉が働いているか電位をもとに測定しながら、「地声」から「裏声」にかけて「声の高さ」を変化させると、甲状披裂筋は、地声区間で筋活動が上昇し、声区変換点で一回リセットされ、裏声区でまた上昇する。

一方、輪状甲状筋の筋活動は、地声から裏声までリセットなしにどんどん上昇していく。生理学的には、地声区間では甲状披裂筋が優位に、裏声区間では輪状甲状筋が優位に働く、という捉え方もある。

では、意識的に声を低くするときには何が起こっているのか。じつは、自発的に声を低くする仕組みには未解明な部分が多いのだが、ひとつ明確に観察されるのが、喉頭全体が下がるということ。

試しに、自分の喉仏（甲状軟骨）に手を当てて、いろいろな声の高さで声を出してみると、喉仏が上下するのを感じられるだろう。また、実験的にも、声を下げるときに「胸骨舌《きょうこつぜっ》

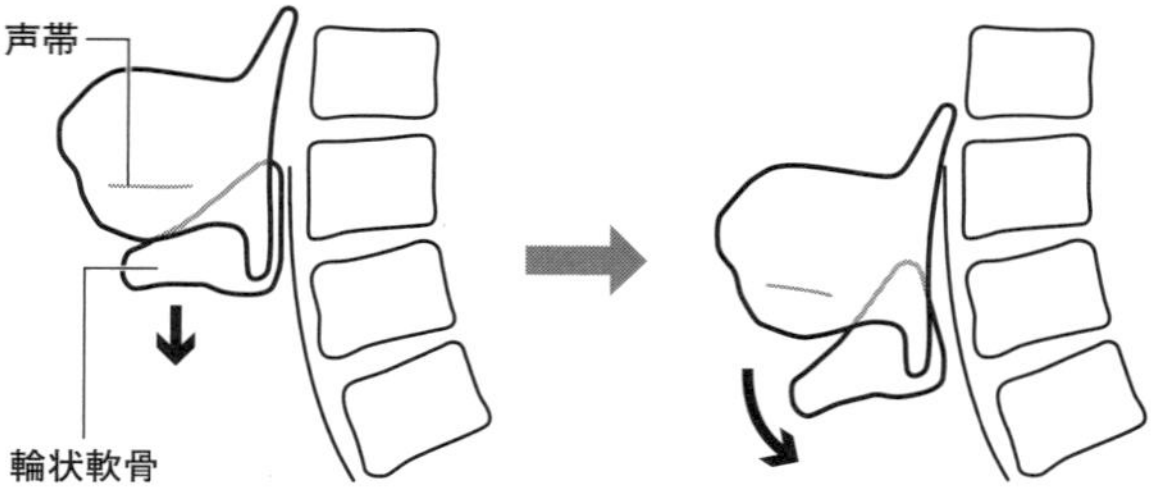

図5–12：背骨の湾曲により喉頭が下がると声帯が緩む

骨筋《こつきん》」という喉頭を下げる筋肉が働くことが示されている。

なぜ、喉頭が下がると声が低くなるのか——これは長年の謎であったのだが、これには背骨の湾曲が関わっているという説がある。喉頭を下げると、背骨の湾曲の影響で、輪状軟骨が傾き、その結果として声帯が緩む、という（図5－12）。

この仕組みについてもまだまだ研究の余地が残っている、というのが現状だ。ただし、この理論が正しいとしたら、我々が声を下げられるのは、背骨が絶妙に湾曲しているおかげだと言える。これもまた人体の奇跡と呼ぶに相応しい気がする。

なぜ録音された自分の声に違和を感じるのか

本章ではけっこう詳しく発声のメカニズムについて触れてきた。小難しいところもあったかもしれないが、伝えたい大事なメッセージをいくつか込めている。

まず、声の高さは、声帯の長さなどに影響を受けるという点。無論、声帯の長さも厚ぼったさも人によって異なる。だから、地声が人によって違うのは当然のことだ。私としては、その生まれ持った声帯——そして、そこから発せられる声、つまり地声——を愛する習慣がもっと広がってほしいと思う。

しかし、同時に、声帯の長さなどは訓練しだいでコントロールできるようになる。肺活量に関しても歌手のほうが、そうでない人よりも二〇パーセントほども多いという報告もある——つまり、ボイストレーニングによって肺活量を増すことは可能なのだ。ありのままの自分を愛せるのが手っ取り早いが、筋トレでムキムキになったボディのほうが愛せるという理屈もわかる。

これは現在進行形の実験で恐縮なのだが、声優さんに「笑顔」になって読んでもらった声は、顔が見えなくても「笑顔で発せられた声」として聞こえやすいという結果が出た。長塚さんのひと言アドバイスをお借りすると、「少し口角を上げて発音するだけでも、声色は明るくなる」とのこと。

つまり、ちょっとした意識の変化で、声から伝わる印象はだいぶ変わる。専門的なボイストレーニングは敷居が高いと感じる人も、発声生理学に親しむことで、「自分の声の可能性は思ったより広い」ということが感じられたのなら、とても嬉しく思う。

ちなみに、「録音された自分の声を聞いてみたら、思っていた自分の声と違って、ちょっと嫌だった」という経験をしたことがある人も少なくないのではないか。

これは、普段、自分で自分の声を聞くときには、空気を通って自分の耳に伝わる音と、自分の骨を伝わって感じる音が混じっていることが原因だ。録音された声には、骨を伝わって聞こえる声が入っていないので、普段聞き慣れている声と違って感じる。

しかし、これも仕組みがわかれば、当たり前のこと。録音した自分の声が、普段聞き慣れている声と違うからと言って、びっくりしないで寄り添ってみてほしい。

ただ同時に、「自分の声がどのように相手に聞こえているか」を客観的に観察してみたい場合には、録音された声を聞いてみることも有用だろう。高井アナウンサーは、自分のアナウンスがどのように視聴者に聞こえているかを吟味するため、よく録音した自分の声を聞き直すと言っていた。

そして、最後にもう一点、大事なお話を。ただし、こちらは女性向けのお話である。先ほども説明した通り、短い声帯は長い声帯に比べて、高い声を出す。よって、一般的に短い声帯を持つ女性は、男性より高い声を持つ。これは一般論としては正しい。

しかし、思春期前から――つまり、男女の声帯の長さが同じくらいの頃から――女の子のほうが男の子よりも高い声を出すという報告がある。そして、日本人女性の声は、他の言語話者の女性よりも声が高い傾向にあることも報告されている。つまり、日本人女性の「声の高さ」は生理学的な要因だけからは説明がつかないのだ。

ということは、「女性は声高くあるべし」という、前章でも触れたような「呪縛」が日本人女性を縛っている可能性がある。もし自分の声の高さ（低さ）に悩んでいる女性の読者がいらっしゃったら、それは小さなときから貴女を縛っている社会的な呪縛のせいかもしれない。

その呪縛に気づくだけで、少しだけでも気が楽になるかもしれない。そんな人がいてくれたら、この小難しかった章も書いたかいがあるというものだ。

川原は自分を愛せたのか

はてさて、声を出せるという奇跡を絵本という形で明示化し、自分自身の体の素晴らしさを再認識したことで、私は自分を愛せるようになったのだろうか？　正直、凹むときは凹むし、他者との比較をしなくなったかと問われれば、答えは「否」である。しかし、提示しておきながら、自分で実践しないほど私は無責任ではない。

だから、朝や寝る前の瞑想中には「外肋間筋君、ありがとう」と肺を動かしている筋肉たちに感謝を伝える。風邪気味で声が出にくいときは「声帯君、ありがとうね。いまは休んでね」と語りかけるようにしている。

こういった具体的な感謝の対象があると、自分がまだ持っていないものよりも、すでに持っているものに注意が向かい、気が楽になるのもたしかだ。悟りなんて一瞬で開けるものではないだろうから、こればかりは私も実践を続けていくしかなかろう。

終章　人はなぜ言葉を紡ぐのか

「川原は月でいれば、いいんじゃない……？」
「いや、ちょっと待って、じっくり考えさせてくれ……」
「………いや、川原こそが太陽なんじゃないか？」

その研究は何の役に立つんですか？

本書の締めとして、自分自身が言語学に救われた話をしよう。

本書ではいろいろな著名人との出会いをテーマに、音声学の基礎や言語学のあれこれを紹介してきた。これは「一般の方々に音声学・言語学を身近に感じてもらうため」という理由もあるが、「私自身が、彼女ら・彼らから多くを学んでいるから」という理由も大きい。

あの方々は、努力と勉強を積み重ねているからこそ、第一線で活躍を続けているのだな、とつくづく感じさせられる。運とか才能とかいった言葉で片づけるのは失礼であると断言できるほど研鑽《けんさん》を続けていらっしゃる人ばかりだ。そんな方々との交流からは、他の機会からは学べないことを多く学べる。

それに加えて、私のやっている学問の存在意義を証言してくれるのもありがたい。「私はなぜ研究者になったのか？」と問われれば、それは「大学生のときに、研究が楽しいと思ったから」としか答えようがない。しかし、若さという勢いに後押しされ、理論言語学という分野で博士号を取得したのち、ふと「自分の研究って何の役に立つんだろう？」という疑問に襲われることが増えた。

善かれ悪しかれ、研究者たちには、「その研究は何の役に立つんですか？」という悪気のない疑問を投げかけられることが少なくない。いや、正直、ばっちり悪気の込もった「そんな役に立たなそうな研究にお金と時間を使うんですか？」という質問が飛んできたことすらある。

そんな質問を受けるたびに落ち込み、そして、それにムキになって反応して「言語学は、こんな風に役に立ちます！」などと対外的に――しかし、表面的に――取り繕うことが増えていった。

ところが、そうしているうちに今度は、本来の「楽しいから研究している」という理由を忘れそうになり、自分に嘘をついているような罪悪感に悩むことになる。そんな本音と建て前の乖離《かいり》から生じる不気味な不安感と向き合う人生が続いた。思い返せば、博士号を取得してから、一〇年以上はこの問題に心を揺さぶられる日々が続いていた。

声のプロたちからの証言に救われる

しかし、この数年、声のプロたちが、さまざまな角度から私の研究の有用さを証言してくれた。しかも、上白石さんも、俵さんも、Dさんも、北山さんも、私が「言語学のここが役立ちます！」と喧伝している部分ではなく、「川原繁人が面白いと思っている部分」を評価してくれているように感じる。私が考える「ことばのここが面白いよね！　素敵だよね！」という部分に共感してくれているとすら感じる（さすがに自意識過剰かもね）。

自分が研究を始めたきっかけは「好き」だから。「役に立てよう」なんて思っていなかった。でも、その結果が、多くの人たちを感動させる能力を持った方々にとって、ほんのちょっとでもお役に立っているなら、すっごく嬉しい。

上白石さんは、「萌音と千尋の声比べ」を見て、「私は（これから）胸を張って演技ができます。私は音声学的に裏付けされました」などと証言してくれた。北山さんは、「音声学を知ることで救われる歌手はもっとたくさんいる。川原繁人という研究者は本質を外さない形で、一般人にもわかりやすく音声学をかみ砕いて伝えられる。だから、川原繁人の存在をもっと多くの人たちに伝えることを、ひとつのライフワークとすることに決めた」なんておっしゃってくれている。

そんなことってある？　音声学の存在意義を、国民的な俳優や歌手が証言してくれているのだ。

しかし、思わぬ落とし穴に落ちる

ところが、意外に思われるかもしれないが、著名人たちと交流することには思わぬ落とし穴が潜んでいた——ときどき自分が、とてつもなく、ちっぽけに感じてしまうのだ。

北山さんは、彼が正体を明かしてから最初の二年間は、意識的に「ゴスペラーズ」としての気配を消していた。「ゴスペラーズ北山」ではなく「北山陽一」として接したかったし、接してほしかったのだろう。

ただ、そろそろ私に耐性がついたと感じたのか、二年経って、ゴスペラーズのコンサートに招待してくれた。家族全員、義母も含めて。しかし、いざステージ上でスポットライトを浴びて観客を沸かせる北山さんを見たら、やっぱり遠い存在に感じてしまった。「自分なんてちっぽけな存在、いつか捨てられちゃうんじゃないか……」と本気で心配になった。

私は一介の研究者である。多くの人を感動させることはできない（一部、私の過去の著作に感動してくれた尊き方々、ごめんなさい。そして、ありがとう）。そもそも人を感動させることが目的で研究者になったのではなく、研究がしたいから研究者になったのだ。

しかし、そんな当たり前のことを忘れてしまうことがある。スポットライトを浴びる彼ら・彼女らを見ていると、自分があまりにちっぽけに感じられ、なぜ研究者としての道を選んだのか……などと後悔してしまうことすらあった。そんな研究者としての出発点さえ忘れてしまう自分にさらに罪悪感を抱き、自分が何者かを見失ってしまう。

強い光に近づけば、目は眩《くら》む。いや、ヨガの恩師であるカウ先生の言葉を借りれば「光にむらがるのは蛾《が》」であり、まさに自分が著名人という光にむらがる蛾になった気分に陥る。私は蛾だったの？

さらに追い打ちをかけるように、著名人と交流していることで浮かれている自分を責めてしまう別の自分がいる。自分の本を読んでくれて、それが誰かの心を動かせば、その「誰か」は誰であっても、十分すぎるほどありがたいはずだ。しかし、自分の書籍を上白石萌音さんが評価してくれて、そのことがラジオやテレビで流れれば、舞い上がってしまう自分がいる。そんな自分がなんか嫌だ。なんかじゃなくて、とっても嫌だ。

本当に恐いエゴサの話

思い返せば、絵本を出版したときにも、こんな気分になった。「ゴスペラーズ北山陽一、初の共著!!」。『絵本　うたうからだのふしぎ』に添えられた出版社のこの謳い文句に、SNS上は、かつてないほどの賞賛の声で溢れていた。北山さんに向けられた賞賛コメントを自分へのものと勘違いして、浮かれている自分がいた。恥ずかしながら、絵本のタイトルで毎日エゴサする日々が続いた。正直に言えば、毎日どころか、一日数回。

表面上では浮かれていた私だが、当時、原因不明のひどい不安感に襲われていた。目に見えて体調を崩し、学生からも心配されるほど。不思議なことに、絵本に対するネガティブなコメントはひとつもなかったのに、私の心は病みつつあったのだ。

ただ、そこに「スイッチインタビュー」の案件が舞い込んできたおかげで、「これではいかん」と自らの人生を見つめ直すこととなった。そして気づいた——私は「賞賛中毒」に陥っていたのだ。人間は「快楽」を感じると、その反動として「苦痛」を味わう仕組みを脳内に持っているという。これはひとつの快楽に満足せず、次の快楽に向かわせるために、人間が進化の過程で得た仕組みなのだろう。

つまり、賞賛の嵐に浮かれ、その反動として、気分は下り坂になり落ち込み、次なる賞賛を求める、というのは人間として自然な反応だったのだ。そんな私は、落ち込みという苦痛から逃げるためにエゴサを繰り返した。しかし、エゴサで得られる快楽は次の苦痛を生む。文字通り、悪循環である。

しかも、賞賛のコメントはいつまでも続きはしないから、賞賛欠乏に陥り、離脱症状が起こっていた。薬物中毒に陥った経験はないが、メカニズムとしては似たようなものだろう。さらに、SNS上での賞賛は自分に向けられているものではないと気づいたことで追い打ちをかけられ、私の無意識は崩壊寸前だったのかもしれない。

一般人の私が、芸能人に向けられるスポットライトを浴びたと勘違いすれば、そのスポットライトが消えてしまったときに、自分の存在意義すら危うくなってしまう。光が消えたあと、蛾はどこに向かえばいいのだろう？

「私は、有名になるために研究者になったのか。私は芸能人と付き合うために研究者になったのか。二〇年前、純粋に研究が好きだった自分が、浮かれているいまの自分を見たら、どう思うだろう。きっと軽蔑するだろうな」

こんな呪いの言葉を自分にかける自分がいた。

差し出された彼からの救いの手

しかし、この落とし穴から私を救ってくれた人がいる——他ならぬ古くからの友人、高井正智アナウンサーである。これが、本章冒頭で引用した彼のセリフだ。

常に輝かしい芸能人の近くで仕事をしている高井は私の気持ちに共感してくれ、「川原は月でいいんじゃないか」と励ましてくれたのだ。著名人という太陽の光を受けて輝けば、それはそれで価値があることじゃないか。太陽にならなくても、月として輝ける。

ただ、彼のそのセリフは、応急処置的な励ましだった。このセリフを放ったあと、高井は黙って考え始めた。

「いや、ちょっと待って。じっくり考えさせてくれ……」

本当に待たされた。長年の友人でなければ、心配になってしまうくらいの「間」があった。そんな「間」のあと、こんな言葉をかけてくれた。

「いや、違うな。川原こそが、彼ら・彼女らにとって太陽なんだよ。言葉を大切にして仕事をしている人たちがいる。彼ら・彼女らだって、将来自分の立ち位置がどうなるかわからない。そんな中で、みんなには言葉という軸がある。そんな言葉のことを、専門家の観点から咀嚼して、しかも、俵さんとMummy-Dさんのイベントみたいに、別々の分野のプロたちをつないでいるんだ。そんなの川原にしかできないよ。川原は太陽だよ」

「自分を愛そう!!」などという壮大なテーマを掲げて活動し、それを隠しテーマとした絵本まで出版していながら、それを実践できていない自分がいた。それどころか、そんな絵本を出版したことで、エゴサに溺れ、賞賛中毒に陥り、自分自身を見失うとは、なんたる皮肉。

あまりにブーメランすぎて、公の場でこのことを告白していいのか迷ってしまうほどだ。しかし、そんな状況にあっても、自分を愛せる客観的な根拠を与えてくれた友人がそこにいた。

誤解のないように言っておくが、私は「川原繁人こそが太陽なのだから、誉めたたえよ」などとは一ミリも思っていない——正直、一ミリでも思えたら、もっと人生楽になるだろうと思う。

最後は自分の学問に救われる

これらの苦悩から最終的に私を救ってくれたのは他でもない、自分が好奇心から研究を始めた言語学の洞察そのものだった。

煎じ詰めれば、言語学は「言語の仕組みの緻密さ・複雑さ」を現在進行形で解き明かし続けている。研究が進むたび、解き明かされる言語の緻密さに驚かされる。そんな言語を操れる人間はひとりひとりそれぞれが太陽なのだ。

また、自分とまったく同じ声帯や声道を持つ人間など存在しない。だから、自分の声とは、文字通り「唯一無二」のものなのだ。音声学もまた、私に「人間それぞれが緻密な仕組みを備えた唯一無二の存在であること」を教えてくれた。思い出させてくれた。

自分が太陽であることを忘れてしまうことがあるかもしれない。特に周りに輝かしい人がいると、そんな気分になることもあるだろう。近くに光があれば、蛾になってしまうこともあるだろう。蛾になって、光が消えたとき、絶望感に襲われることもあるだろう。

そんなときに支えてくれるのは、他者の優しさである。一人で生きていける人間などいない。人は人に助けられ、そして人を助けることで生きていく。そうして人が人とつながるとき、人間は言語を使う。

そのために、さまざまな筋肉が協調して肺を動かし、音のもととなる呼気をつくり出す。その呼気は声帯を震わせて、音声のもととなる音をつくり出す。声帯でつくり出された音を材料として、舌・顎・唇たちは絶妙に自身の形を変えることで、さまざまな音声をつくり出す。

さらに、そんな音声には、声の高さ・声の強さ・間・話速などを通じて豊かな情報が詰め込まれている。そして、意識的には感じられなくても、声からは声帯や声道の長さや形——そして、声が発せられた背後にある感情さえも——が伝わる。

私たちが演技や歌に感動できるということは、これらの情報を感じとることができることの証左であろう。この驚嘆すべき仕組みがあるからこそ、人は人を助け、助けられることができるのだろう。

いまは自信をもって繰り返そう。

さまざまな器官を自在に操り、さまざまな音声を通して、さまざまな気持ちを表現し、それによって助け合える人間たち。ひとりひとりが太陽です。

言語学者、川原先生からお伝えしたいことは、以上！

おわりに

「僕だったら歌にして昇華させちゃうんですけどね……」

自分が蛾になったり月になったり太陽になったり忙しくしているとき、北山の兄貴とおしゃべりをしていた。兄貴には、これまで合計一〇〇回くらい「気持ちはわかります」と言わせた気がする。どこまでも私に寄り添った励ましをくれる兄貴に感謝。っていうか、人生相談の相手がゴスペラーズってどんだけよ……。

そんな中、ふと兄貴が右のセリフをつぶやいた。

北山さんだったら歌にして昇華させる……。私が昇華させるとしたら、方法は何だろう⁇——決まっている、書籍の執筆しかないだろう。そう返したら、兄貴は言ってくれた。

「僕は読みたいですけどね。あ、いや僕とのことじゃなくて、上白石さんとか俵さんとかDさんとのやり取りから川原先生が何を学んだのか」

だから書いた。兄貴は遠慮していたが、兄貴から学んだことも含めて。それどころか、兄貴との付き合いの長さ・深さの結果、二章分を費やすことになった。ま、当たり前だけど。

兄貴に背中を押された次の日、手始めに「萌音と千尋の声比べ」のスライドを「です・ます調」で堅実に原稿にしてみた。でも、なんとなく気に入らなかった。自分の気持ちを昇華するための原稿なのに、あの体験も想いも伝わらない。なんか推敲していても面白くない。

あるとき、ふと上白石さんと出会った「あの瞬間」――そう、扉を開けたときの、あの瞬間――を思い出して、その原稿の冒頭に加えてみた。上白石さんが気に入ってくれた『フリースタイル言語学』の続編を書いている気分になって「だ・である調」にして、雑談も入れてみた。他の声のプロたちとの邂逅《かいこう》の瞬間も同じように振り返ってみたら、原稿を書くのが一気に楽しくなった。そんなこんなで本書ができあがった。

今回は、出版社にこだわった。こういうことを言うと石を投げられそうだが（投げないでね！）、ここ数年、書籍の執筆依頼はひっきりなし。だから、わざわざ新しい出版社に自分から企画を持ちかける必要はない。だけれども、本書はNHK出版から出したい、という強い想いがあり、つてを辿って編集者さんを紹介してもらった。

ＮＨＫ出版にこだわった理由は四つ。第一に、本書には私がＮＨＫアナウンス室とのやり取りを通して学んだことが多く含まれていること。特に第三章と第五章の内容は、アナウンス室での勉強会のためにまとめていったスライドを書き起こして、加筆したものだ。

第二に、やはりＮＨＫの高井アナとの交流がなければ、本書は存在しなかっただろうということ。研究者としても人間としても、彼に負うところは多い。

第三の理由は、あの収録のために読み込んだ上白石萌音さんのエッセイ『いろいろ』の出版元であること。ずいぶん個人的な理由だが、まぁ、これくらいは許してもらいたい。

四つ目の理由は秘密。読者のみなさまのご想像にお任せする。ヒントは本書の中。

本書の内容は、多くの人たちの努力や想いに支えられている。

音声学・言語学という学問を築き上げてきた先人たち、これらの学問の基礎をたたき込んでくれた恩師たち、新たな音声の奇跡を発見し続けてくれている同分野の研究者たち、一般書の執筆に忙しいときも「ガチ研究」を一緒におこなってくれている共同研究者たち、宝もののような質問を投げかけながら議論に付き合ってくれる学生たち、ときどき爆弾を投下してくれる数々の著名人たち、いまの自分を支えてくれている家族や友人、育ててくれた両親や親戚、いままでの私の書籍を読んでくださった方々、講演に来てくださる方々、編集者さんたち、校閲の方々、イラストレーターさん、書店員のみなさん。数え切れないくらいの太陽たちの想いが、たまたま川原繁人という媒体を通して、この本をつくり上げただけ、とすら感じる。

だけれども、やっぱりお名前を明記して感謝を伝えたい方々がいらっしゃるのも事実だ。本書に登場してくださった声のプロの方々には散々感謝を申しあげた気もするが、いくら感謝しても足りない、というのが正直なところだ。萌音さん・俵さん・Dさん・北山の兄貴・高井、本当にありがとうございます。そして、これからもよろしくお願いします。加えて、田中朋子さん・長塚全さん・篠原和子先生・榊原健一先生には、原稿の草稿（の一部）に対して適切なコメントをいただいた。また、主として第五章のイラストを、絵本でもご一緒した牧村久実さんが担当してくれたのは本当に嬉しかった。牧村さんのイラストによって、生理学というとっつきにくい分野が一気にわかりやすくなったと思う。それはもう驚くくらいに。本書の編集を担当してくれた山北健司さんは、本書をゼロから一緒につくり上げていってくれた。いままでの人生でいちばん小まめに執筆方針を話し合った編集者さんだった。

本書執筆を陰で支えてくれていたのが妻の朋子である。彼女も言語学者であり、一緒に子育てをしながら「言語とは何か」を一緒に考え続けてくれている。だから、本書の至る所に彼女の意見が反映されていると思う。また、ふたりの娘たちも、常に「言語とは何か」について考えさせてくれる。ふたりがふたりして「とーちゃん、言葉ができる前に、物の名前ってどうやって決めたの？」という質問を投げかけてきたことを、お父さんは誇りに思います。どうか、その好奇心を忘れずに育ってください。

本書で報告した研究の一部は、科学研究費 #22K00559, #20H05617, #24K21172の補助を受けている。

ここで、本書の文責に関してひとこと。本書の執筆に際しては、できるだけ間違いのないように努めた。頑張った。ただし、音声学も言語学も現在進行形の学問であるし、私も人間だから、本書にまったく誤謬《ごびゅう》が残っていないかと問われれば、自信がない。けれど、まったく間違いのない完璧な本などを目指していると、選択肢は「出版しない」しか残らない、という非情な現実がある。もちろん、正確な情報を伝えることを心がけたし、明らかな間違いが見つかった際は、私のホームページ上で訂正させていただく。ただ、大学の研究者であっても、その書きものの中に誤謬が残ることがあるのです。この事実を伝えることも、また大事な仕事なのだと、中堅研究者になって感じるようになりました。

さて、本書では、「人間が言葉を話せることの奇跡」をテーマとした。最近は、「言葉を聴けることの奇跡」についても考えを深めている。皮膚では感じられないような微細な振動を、なぜ私たちの耳は音として聞き取ることができるのか？　いつか、「聴く側の奇跡」についてもみなさまと共有できる機会があることを祈っている。

川原　繁人

二〇二五年三月

• トレーニングと肺活量：
Sundberg, J. (1987) *The Science of the Singing Voice*. Northern Illinois University Press.

• 思春期前の声の高さにも男女差がある：
Simpson, A. P. (2009) Phonetic differences between male and female speech. *Language and Linguistics Compass* 3 (2) : 621–640.

• 日本人女性は声が高め：
Yamazawa, H. & H. Hoollien (1992) Speaking fundamental frequency patterns of Japanese women. *Phonetica* 49 (2) : 128–140.

終　章

• 現代社会においてさまざまなものが中毒化しうる：
アンナ・レンブケ、恩蔵絢子（訳）(2022)『ドーパミン中毒』新潮新書

サポートページ
https://nhktext.jp/ns741

※ QRコードは株式会社デンソーウェーブの登録商標です。

- 喉頭を上から見た図（図5-6左）：
「Visual Anatomy 視覚解剖学」（https://visual-anatomy-data.net/）をもとに作成。

- 声帯振動の概略図（図5-7）：
Reetz, H. & A. Jongman (2009) *Phonetics*. Wiley-Blackwell.

- 声帯の開閉についての専門的な解説：
榊原健一（2015）「発声と声帯振動の基礎」『日本音響学会誌』71: 73-79.

- 声帯老化の図（図5-9）：
栗田茂二朗（1998）「声帯の成長、発達と老化――とくに層構造の加齢的変化」『音声言語医学』29: 185-193.

- 排卵周期と声質について：
Abitbol, J. et al. (1999) Sex hormones and the female voice. *Journal of Voice* 13 (3) : 424-446.

- 輪状甲状筋の動き（図5-10）：
ダイモン・セオドア、竹田数章（監訳）、篠原玲子（訳）（2020）『発声ビジュアルガイド』音楽之友社

- 声帯を引き延ばして声を高くする動画（図5-11）：
https://www.youtube.com/watch?v=UpOXecWC5Dw

- 声の高さを上げる筋肉たち：
榊原健一（2015）「発声と声帯振動の基礎」『日本音響学会誌』71: 73-79.

- 声の高さが下がるメカニズム（図5-12）：
Honda, K. et al. (1999) Role of vertical larynx movement and cervical lordosis in F0 control. *Language and Speech* 42 (4) : 401-411.

speech production. *Science* 279 (5354) : 1213–1216.

第五章

本章に掲載した図の一部（5–3、5–4など）は、『発声ビジュアルガイド』(2020年、音楽之友社)・『ネッター解剖学アトラス』(2022年、エルゼビア・ジャパン)・『Articulatory Phonetics』(2013, Wiley-Blackwell) などを総合的に参考にしながら、著者と牧村久実さんが相談の上、メディカルイラストレーターである野村憲司さんからアドバイスをいただいて、牧村さんが描き直してくれました。

•平常時と歌唱時の呼気量：
Sundberg, J. (1987) *The Science of the Singing Voice.* Northern Illinois University Press.

•肺を動かす筋肉たち（図5–1）：
Draper, M. H. et al. (1959) Respiratory muscles in speech. *Journal of Speech and Hearing Research* 2 (1) : 16–27.

•プロの歌手の呼気量：
Gould, W. J. (1977) The effect of voice training on lung volumes in singers and the possible relationship to the damping factor of Pressman. *Journal of Research in Singing* 1: 3–15.

•胸式呼吸と腹式呼吸と個人差：
Kaneko, H. & J. Horie (2012) Breathing movements of the chest and abdominal wall in healthy subjects. *Respiratory Care* 57 (9) : 1442–1451.

•肺が膨らむ仕組みの図（図5–2）：
「MSD　マニュアル家庭版」(https://www.msdmanuals.com/ja-jp/home) の中の〈呼吸の制御〉をもとに作成。

•声門下圧と声の強さの相関（図5–5）：
Bouhuys, A. et al. (1966) Kinetic aspects of singing. *Journal of Applied Physiology* 21: 483–496.

して、本文で紹介したレッスンを実践しています。

•「秋桜」におけるアクセントとメロディーの一致度合いに関する研究：
北山陽一ほか（2024）「さだまさしのアクセント研究」『さだまさし解体新書――ターヘル・サダトミア』大和書房

•日本語にとってアクセントはどれほど重要か：
柴田武＆柴田里程（1990）「アクセントは同音語をどの程度弁別しうるか――日本語・英語・中国語の場合」『計量国語学』17（7）：317–327.

•他の言語における単語が持つ音の高さとメロディーの関連：
McPhersen, L. & K. Ryan（2016）Tone-tune association in Tommo So（Dongon）folk songs. *Language* 91: 119–156.

•ひとつの音を三つの区間に分ける理論：
Browman, C. & L. Goldstein（1992）Articulatory phonology: An overview. *Phonetica* 49（3–4）: 155–180.

•城南海さんのこぶし分析：
川原繁人・古澤里菜（2023）「城南海の「こぶし」の音声学的特徴と音譜上の分布について――『アイツムギ』と『あなたに逢えてよかった』をもとに」*REPORTS of the Keio Institute of Cultural and Linguistic Studies* 54: 53–77.

•脳は子音から母音に移行する部分に特に敏感に反応する：
Oganian, Y. & E. Chang（2019）A speech envelope landmark for syllable encoding in human superior temporal gyrus. *Science Advances* 5（11）: eaay6279.

•さまざまな話者の“r”の発音（図4–8）：
藤村靖（2007）『音声科学原論――言語の本質を考える』岩波書店

•人間は自分の声の響きを聞いて調音を調整する：
Houde, J. F. & M. I. Jordan（1998）Sensorimotor adaptation in

した（https://rtmridb.ninjal.ac.jp/）。このデータベースに関しては、Maekawa, K.（2024）Real-time MRI articulatory movement database and its application to articulatory phonetics. *Acoustical Science and Technology* e24.22.

•オノマトペの音象徴性：
秋田喜美（2022）『オノマトペの認知科学』新曜社

•人間言語は似た音が近くにあることを避ける：
Frisch, S. et al.（2004）Similarity avoidance and the OCP. *Natural Language and Linguistic Theory* 22: 179–228.

•響きから生じる音象徴的な意味：
川原繁人（2024）『「あ」は「い」より大きい⁉　身近で楽しい音声学』だいわ文庫

•喃語におけるそれぞれの母音特有の音の高さ：
Whalen, D. H. et al.（1995）Intrinsic F0 of vowels in the babbling of 6-, 9- and 12-month-old French- and English-learning infants. *JASA* 97（4）: 2533–2539.

•有声性が語るIPAの不十分性：
川原繁人ほか（2018）「有声性の研究はなぜ重要なのか」『音声研究』22: 56–68.

第四章

•日本語ラップにおける韻の分析（図4–1）：
Kawahara, S.（2007）Half rhymes in Japanese rap lyrics and knowledge of similarity. *Journal of East Asian Linguistics* 16（2）: 113–144.

•狭い「い」と広い「い」の図（図4–4）：
日本音響学会で発表された以下の講演のスライドをもとに描き直しました：高橋純・志々目樹・戸田菜月・竹本浩典（2024）「歌声による歌唱中の体内運動の推定」。長塚さんは高橋先生の講演を応用

10823.

• さまざまな音の「丸さ」：
D'Onofrio, A. (2013) Phonetic detail and dimensionality in sound-shape correspondences: Refining the <i>Bouba-Kiki</i> paradigm. *Language and Speech* 57 (3) : 367–393.

• 濁音の音象徴的な意味：
鈴木孝夫 (1962)「音韻交替と意義分化の関係について —— 所謂清濁音の対立を中心として」『言語研究』42：23–30.

• ラーメンズのコント：
https://www.youtube.com/watch?v=vAEitV5SPn0

• ポケモン言語学の始まりの論文：
Kawahara, S. et al. (2018) Sound symbolic patterns in Pokémon names. *Phonetica* 75 (3) : 219–244.

• オリジナルポケモンのイラスト (totoまめさん)：
https://t0t0mo.jimdofree.com/about-me/

• 濁音発声時における口腔の膨張 (図2–5)：
Proctor, M. et al. (2010) Pharyngeal articulation in the production of voiced and voiceless fricatives. *JASA* 127: 1507–1518.

第三章

• Zeebraさんとの対談：
Zeebra × 川原繁人 (2019)「日本語ラップと言語感覚」『Booklet 26 mandala musica —— 普遍学としての音楽へ』36–59.

• ラップ・ヒップホップの歴史：
川原繁人 (2023)『言語学的ラップの世界』東京書籍

• rtMRIDBについて：
本書で引用したMRI画像は基本的に、rtMRIDBの動画を使用しま

•子育ての視点から考える音声学と言語学：
川原繁人（2022）『音声学者、娘とことばの不思議に飛び込む ── プリチュワからカピチュウ、おっけーぐるぐるまで』朝日出版社

•クラテュロスを読んでみる：
ロイ・ハリス & タルボット・J・テイラー、斎藤伸治＆滝沢直宏（訳）（1997）『言語論のランドマーク ── ソクラテスからソシュールまで』大修館書店、第1章「ソクラテス」

•ソシュールを読んでみる：
フェルディナン・ド・ソシュール、小林秀夫（訳）（1972）『一般言語学講義 改版』岩波書店。前掲書の第14章「ソシュール」もおすすめ。

•それぞれの音でどれだけ空気が流れるか：
Mielke, J. (2011) A phonetically based metric of sound similarity. *Lingua* 122: 145–163.

•プリキュア分析で使った統計手法：
川原繁人（2022）『言語学者、外の世界へ羽ばたく ── ラッパー・声優・歌手とのコラボからプリキュア・ポケモン名の分析まで』リベラルアーツコトバ双書

•サンリオにおける両唇音出現率の分析：
鈴木沙英（2021）「サンリオのキャラクター名における両唇音の音象徴」『日本認知言語学会論文集』21、477–480。本書図2-1のグラフは、鈴木さんと松浦年男先生との共同研究（未発表）

•両唇音は可愛い：
Kumagai, G. (2019) A sound-symbolic alternation to express cuteness and the orthographic Lyman's Law in Japanese. *Journal of Japanese Linguistics* 35: 39–74.

•「母親」=[m]というつながり：
Blasi, D. E. et al. (2016) Sound-meaning association biases evidenced across thousands of languages. *PNAS* 113 (39) : 10818–

参考文献

第一章

• 山寺宏一さんによる演じ分けの音声学的分析：
川原繁人 (2024)『日本語の秘密』講談社現代新書

• スペクトログラムの解説：
川原繁人 (2018)『ビジュアル音声学』三省堂

• 乾燥した地方では音の高低で単語を区別しない傾向にある：
Everett, C. et al. (2016) Language evolution and climate: the case of desiccation and tone. *Journal of Language Evolution* 1 (1) : 33-46.

• 人間の声は自然と文末に向けて低くなる：
Ladd, R. (1996) *Intonational Phonology*. Cambridge University Press.

• 上白石さんの唇歯音分析に使用した動画：
【上白石萌音】世の中が嫌になった人にオススメの本／ YouTube「東京の本屋さん　～街に本屋があるということ～　♯木曜日は本曜日」
https://www.youtube.com/watch?v=XROfJ5O8Ghg

• 唇歯音について書かれていた教科書：
風間 喜代三ほか (2004)『言語学 第2版』東京大学出版会

• 論理で表しきれない意味：
Potts, C. & S. Kawahara (2005) Japanese honorifics as emotive definite descriptions. *Proceedings of SALT* 14: 253-270.

第二章

• 俵万智さんとの対談：
川原繁人 (2024)『日本語の秘密』講談社現代新書

川原繁人 かわはら・しげと
1980年、東京都生まれ。
慶應義塾大学言語文化研究所教授。2002年、国際基督教大学卒業。
2007年、マサチューセッツ大学にて博士号(言語学)取得。
ジョージア大学助教授、ラトガース大学助教授を経て現職。
主な著書に『日本語の秘密』(講談社現代新書)、
『フリースタイル言語学』(大和書房)、
『音声学者、娘とことばの不思議に飛び込む』(朝日出版社)、
『なぜ、おかしの名前はパピプペポが多いのか?』
(ディスカヴァー・トゥエンティワン)、
共著に『言語学的ラップの世界』(東京書籍)など。

NHK出版新書 741

「声」の言語学入門
私たちはいかに話し、歌うのか

2025年4月10日　第1刷発行

著者　川原繁人 ©2025 Kawahara Shigeto
発行者　江口貴之
発行所　NHK出版
〒150-0042 東京都渋谷区宇田川町10-3
電話 (0570) 009-321(問い合わせ) (0570) 000-321(注文)
https://www.nhk-book.co.jp (ホームページ)

ブックデザイン　albireo
印刷　新藤慶昌堂・近代美術
製本　藤田製本

Printed in Japan ISBN978-4-14-088741-7 C0281

NHK出版新書好評既刊

NHK出版新書好評既刊

NHK出版新書好評既刊

新プロジェクトX 挑戦者たち2
国産EV 隠岐 離島再生
心臓・血管修復パッチ
スパコン「京」 自動ブレーキ
NHK「新プロジェクトX」制作班
泥臭く、ひたむきに働く人々が乗り越えた幾多の困難。そこに大切なメッセージがある。新たな価値や課題に果敢に挑んだ地上の星たちの物語。
726

ドラマで読む韓国
なぜ主人公は復讐を遂げるのか
金光英実
韓ドラに復讐劇が多い理由とは? 韓国の人間関係は「親しき仲には遠慮なし」? ドラマ作品を通じて隣人の素顔に迫る、新感覚の韓国社会入門!
727

ホワイトカラー消滅
私たちは働き方をどう変えるべきか
冨山和彦
企業支援の第一人者が語る、これから起きる「労働移動」。ホワイトカラーが、シン・ホワイトカラーとして働き場所を新たに見出す方策を明瞭に示す!
728

風呂と愛国
「清潔な国民」はいかに生まれたか
川端美季
いつから日本人は「風呂好き」と言われるようになり、入浴することは規範化したのか? 衛生と統治をめぐる、知られざる日本近代史!
729

戦時下の政治家は国民に何を語ったか
保阪正康
初の普選から戦時体制へ。時の首相は国民に何をどう語ったのか。二十四人の政治家の肉声から太平洋戦争までの実態を明らかにする、類を見ない一冊!
730

額縁のなかの女たち
「フェルメールの女性」はなぜ手紙を読んでいるのか
池上英洋
古代から現代まで、女性イメージはいかに生まれ、いかに変遷してきたのか。カラー図版140点超を交え、名画誕生の舞台裏に迫る。
731

NHK出版新書好評既刊

新プロジェクトX 挑戦者たち3
トットちゃんの学校　男子バスケ
五輪への道　サッカー女子W杯優勝
薬師寺東塔　大修理　フリマアプリ世界へ

NHK「新プロジェクトX」制作班

人は何のために「壁」に挑むのか？戦時下の教育物語から、スタートアップ企業の奮闘まで、多彩な分野で夢を追う人々の5つのドラマ！

732

サラブレッドはどこへ行くのか
「引退馬」から見る日本競馬

平林健一

ターフを去った競走馬はその後どこへ行くのか？サラブレッドの一生を軸に、現場関係者への綿密な取材を通して、競馬の未来を問う。

733

蔦屋重三郎と浮世絵
「歌麿美人」の謎を解く

松嶋雅人

蔦屋重三郎がモデルの大河ドラマ「べらぼう～蔦重栄華乃夢噺～」の近世美術考証者でもある著者が、美術面から蔦重の仕事に迫る意欲作。

734

新・古代史
グローバルヒストリーで迫る
邪馬台国、ヤマト王権

NHKスペシャル取材班

卑弥呼と三国志、空白の四世紀と技術伝来、倭の五王と東アジア情勢。グローバルな視点から多数の図版と共に日本古代史の最前線に迫る決定版。

735

「新しい中東」が世界を動かす
変貌する産油国と日本外交

中川浩一

中東諸国の表裏を知る元外交官が、大規模改革で台頭する「新しい中東」の様相をレポートするとともに、日本が進むべき道を大胆に提言する。

736

「蔦重版」の世界
江戸庶民は何に熱狂したか

鈴木俊幸

蔦屋重三郎の出版物に、なぜ江戸庶民は熱狂したのか。大河ドラマ「べらぼう」考証者で蔦重研究の第一人者が「蔦重版」の真髄を解説！

737